国際交流基金 日本語教授法シリーズ 6

話すことを教える

国際交流基金 著

国際交流基金 日本語教授法シリーズ
【全14巻】

- 第 1 巻「日本語教師の役割／コースデザイン」
- 第 2 巻「音声を教える」［音声・動画・資料　web付属データ］
- 第 3 巻「文字・語彙を教える」
- 第 4 巻「文法を教える」
- 第 5 巻「聞くことを教える」［音声ダウンロード］
- 第 6 巻「話すことを教える」
- 第 7 巻「読むことを教える」
- 第 8 巻「書くことを教える」
- 第 9 巻「初級を教える」
- 第10巻「中・上級を教える」
- 第11巻「日本事情・日本文化を教える」
- 第12巻「学習を評価する」
- 第13巻「教え方を改善する」
- 第14巻「教材開発」

■はじめに

　国際交流基金日本語国際センター（以下「センター」）では1989年の開設以来、海外の日本語教師のためにさまざまな研修を行ってきました。1992年には、その研修用教材として『外国人教師のための日本語教授法』を作成し、主に「海外日本語教師長期研修」の教授法の授業で使用してきました。しかし、時代の流れとともに、各国の日本語教育の状況が変化し、一方、日本語教授法に関する研究も発展したため、センターの研修の形や内容もさまざまに変化してきました。

　そこで、現在センターの研修で行われている教授法授業の内容を新たにまとめ直し、今後の研修に役立て、また広く国内外の日本語教育関係のみなさまにも利用していただけるように、この教授法シリーズを出版することにしました。この教材の主な対象は、海外で日本語教育を行っている日本語を母語としない日本語教師ですが、広くそのほかの日本語教育関係者や、改めて日本語教授法を独りで学習する方々にも役立てていただけるものと考えます。また、現在教師をしている方々を対象としていますが、日本語教育経験の浅い先生からベテランの先生まで、できるだけ多くのみなさまに利用していただけるよう工夫しました。

■この教授法シリーズの目的

　このシリーズでは、日本語を教えるための必要な基礎的知識を紹介するだけでなく、実際の教室で、その知識がどう生かせるのかを考えてもらうことを目的としています。

　国際交流基金日本語国際センターでは、教師の基本的な姿勢として、特に次の能力を育てることを目的として研修を行ってきました。その方針はこのシリーズの中でも基本的な考え方となっています。

1）自分で考える力を養う

　理論や知識を受身的に身につけるのではなく、自分で考え、理解して吸収する力を身につけることを目的とします。

2）客観性、柔軟性を養う

　自分のこれまでの方法、考え方にとらわれず、ほかの教師の意見や方法を知り、客観的に理解し、時には柔軟に受け入れることのできる教師を育てることをめざします。

3）現実を見つめる視点を養う

つねに現状や与えられた環境、自分の特性や能力を客観的に正確に把握し、自分の現場に合った適切な方法を見つける姿勢を育てることをめざします。

4）将来的にも自ら成長できる姿勢を養う

研修終了後もつねに自分自身で課題を見つけ、成長しつづける自己研修型の教師を育てることをめざします。

■この教授法シリーズの構成

このシリーズは、テーマごとに独立した巻になっています。どの巻からでも学習を始めることができます。各巻のテーマと概要は以下の通りです。

巻	テーマ	概要
第1巻	日本語教師の役割／コースデザイン	日本語を教えるうえでの全体的な問題をとりあげます。
第2巻	音声を教える	各項目に関する基礎的な知識の整理をし、具体的な教え方について考えます。
第3巻	文字・語彙を教える	
第4巻	文法を教える	
第5巻	聞くことを教える	
第6巻	話すことを教える	
第7巻	読むことを教える	
第8巻	書くことを教える	
第9巻	初級を教える	各レベルの教え方について、総合的に考えます。
第10巻	中・上級を教える	
第11巻	日本事情・日本文化を教える	
第12巻	学習を評価する	
第13巻	教え方を改善する	
第14巻	教材開発	

■この巻の目的

　この巻は、普段の会話の授業の中で、どのような会話能力を育てようとしているのかを意識すること、それから、身近にある教材をどのように使えば、会話能力を育成できるのかを考えることを目的としました。

　この巻の学習目標は以下の3点です。

①「話すこと」とはどんなことなのか、また、「話す力」（会話能力）とはどのような能力からなるのかを考えます。
②話す力はどうすれば伸びるのか、また、話す力を育てるためには教室活動がどうあるべきなのかを考えます。
③会話の授業をするとき、どのような活動をどのような順番ですればよいのか、そして授業計画や教材をどのように学習者に合わせて工夫し、作成すればよいのかを具体的に考えます。

■この巻の構成

1．構成

本書の構成は以下のようになっています。

1．話すこととは　　[話すプロセス]　[話す力とは]

＊話すプロセスや話すために必要な能力について分かりやすく整理します。

2．話す力を育てるには　　[話す力を育てるための教室活動の取り入れ方]

＊「インタビュー」「スピーチ」「ディスカッション」「ロールプレイ」の4つの教室活動を通して、どのように話す力を育てることができるかを考え、学習者のレベルに応じた授業計画を立ててみます。その流れは、以下のとおりです。

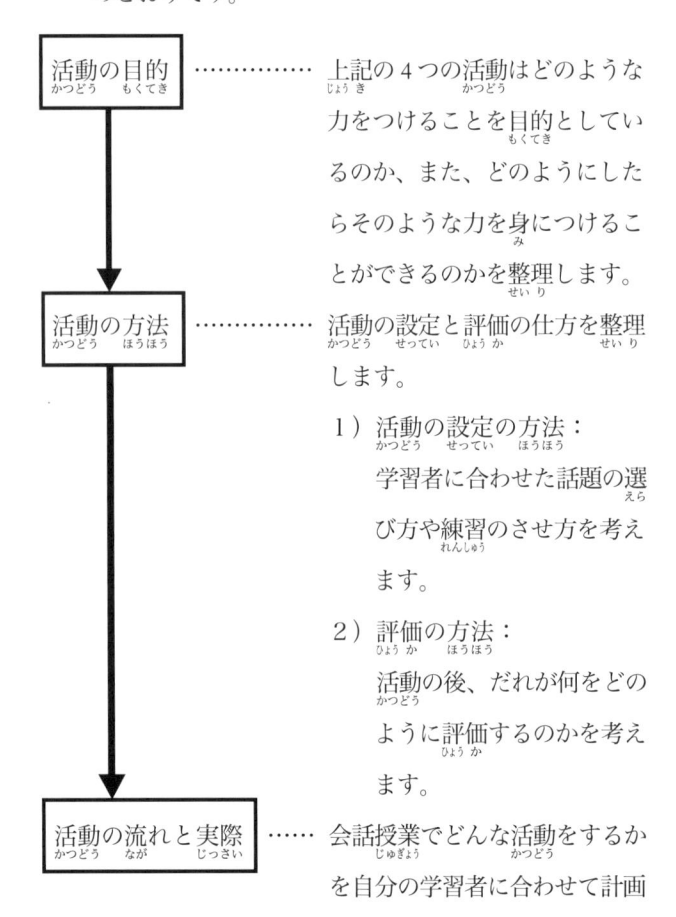

[活動の目的]　…………　上記の4つの活動はどのような力をつけることを目的としているのか、また、どのようにしたらそのような力を身につけることができるのかを整理します。

[活動の方法]　…………　活動の設定と評価の仕方を整理します。

　1）活動の設定の方法：
　　学習者に合わせた話題の選び方や練習のさせ方を考えます。

　2）評価の方法：
　　活動の後、だれが何をどのように評価するのかを考えます。

[活動の流れと実際]　……　会話授業でどんな活動をするかを自分の学習者に合わせて計画します。

2．各課題（【質問】）

この巻の中の各課題（【質問】）は、次のような内容にわかれています。

ふり返りましょう

自分自身の体験や教え方をふり返る

知っていること、実際に行っていることなどを思い出し、○○について自分はいつもどうしているか、それはなぜかを考えます。

考えましょう

活動や実践の意味を考える

背景理論と照らし合わせながら、教え方、考え方、具体的な教室活動などについて考えます。

やってみましょう

新しい方法を体験する

実際に活動をやってみることを通して、背景理論や活動のやり方の理解を深めます。

整理しましょう

さまざまな方法を整理し、理解する

ここまでに考えたこと、学んだことをもう一度整理して、その目的や意味を再確認し、今後の授業に生かしていけるようにします。

これらの課題は、次の2点を重視しています。

ほかの人の教え方や新しい方法を知る

◎グループやクラスで教授法を学んでいる場合：

ほかのメンバーや教師とのディスカッションを通して、ほかの人の考え方や解決方法を知り、理解します。協働学習をおすすめします。

◎独りで教授法を学んでいる場合：

まず自分で考えてから、解答例を参考にもう一度考えてみてください。できれば、積

極的に同僚やまわりの人の意見も聞くようにするとよいでしょう。

自分の教育現場への適用を考える

　授業設計や教え方を知識として理解するのではなく、常に自分自身の教育現場に当てはめて考え、どのように実際の教育現場で実現させるかを考えるようにしましょう。

目次

1 「話すこと」とは ·········· 2

1-1. 話すとは ·········· 2
(1) 話す行為のプロセス
(2) 話し手と聞き手のコミュニケーション

1-2. 話す力とは ·········· 12
(1) レベル:ACTFL-OPI
(2) コミュニケーションに必要な能力
(2)-1 社会言語能力　(2)-2 談話能力　(2)-3 ストラテジー能力

2 話す力を育てるには ·········· 22

2-1. 自分の授業をふり返る ·········· 22

2-2. インタビュー ·········· 24
(1) インタビュー活動の目的
(2) インタビュー活動の方法
(2)-1 活動の設定の仕方　(2)-2 評価の方法　(2)-3 インタビュー活動の流れと実際

2-3. スピーチ ·········· 39
(1) スピーチの目的
(1)-1 よいスピーチとは　(1)-2 スピーチの目的と種類　(1)-3 スピーチ活動の目的
(2) スピーチ活動の方法
(2)-1 活動の設定の仕方　(2)-2 評価の方法　(2)-3 スピーチ活動の流れと実際

2-4. ディスカッション ·········· 54
(1) ディスカッション活動の目的
(2) ディスカッション活動の方法
(2)-1 活動の設定の仕方　(2)-2 評価の方法　(2)-3 ディスカッション活動の流れと実際

2-5. ロールプレイ ·········· 62
(1) ロールプレイの目的
(2) ロールプレイの方法
(2)-1 活動の設定の仕方　(2)-2 評価の方法　(2)-3 ロールプレイの流れと実際

解答・解説編 ·········· 78

【参考文献】·········· 95
巻末資料 ·········· 97

1 「話すこと」とは

1-1. 話すとは
(1) 話す行為のプロセス

ふり返りましょう

話す力を育てるには、どのようにしたらよいでしょうか。そのことを考える前に、「話す」という行為について考えてみましょう。

【質問1】
いつもの生活の中で、話をする時のことを思い出してみましょう。日本語でも母語でもよいですから、話をしている時の自分を思い浮かべてみてください。何か言いたいと思ったとき、口からことばを出すまで、どのようなプロセスをたどりますか。

次の図を見てください。

①恥ずかしいなあ…。
今は見ないでほしいなあ。

②気持ちを相手に伝えよう。
なんて言おうかな…「あとで見てね」

③あとで見てね。

図1 話す行為のプロセス

女の子が恥ずかしそうに男の子にラブレターを渡すところです。彼女の頭の中には、「書いた手紙を見てほしいなあ。でも、今は見ないでほしいなあ。恥ずかしいなあ。」という思いが浮かんでいます（①）。そして、そのことをどのように言うか、表現を考えます（②）。それを実際に声に出して「あとで見て」と言います（③）。このように、話す行為には3つのプロセスがあります。

整理しましょう

```
＜話す行為のプロセス＞
  ①言いたい内容を考える。
     ↓
  ②どのように言うかを考える。
     ↓
  ③実際に言う。
```

②と③は、一つ一つの言語に特有のルールで行われます。したがって、言語学習の初期の段階では、言いたいこと（①）と言えること（②と③）の間のギャップがあります。

このことを、教室における練習にあてはめて考えてみましょう。声を出してたくさん練習しているのに、なかなか学習者が話せるようにならない場合があります。それはなぜでしょうか。

考えましょう

【質問2】

次の練習を話す行為のプロセスの面から考えてみましょう。学習者に、言う内容や表現を考えさせていない練習はどれでしょうか。

練習例（1） 次のように教師の言ったことをそのままくりかえして言う練習
　　教師　：リピートしてください。机の上に本があります。
　　学習者：机の上に本があります。
　　教師　：机の上にノートがあります。
　　学習者：机の上にノートがあります。

練習例（2）「〜をください」の文型導入のあと、絵カードを見て文を言う練習
　　　教師（絵カードを見せながら◯のせりふを言わせる）
　　　　　：絵を見て言ってください。
　　学習者：ジュースをください。
　　学習者：バナナをください。

足立章子ほか『絵で導入・絵で練習』（凡人社）より

練習例（3）課題を与えられた次のような練習
　　・自分の家族の写真を説明する。
　　・友人を映画にさそうというような内容のロールプレイをする。

　学習者が実際に話せるようになるためには、練習（1）のような、何を言うかが決まっていることを発音してみるだけの練習では不十分で、学習者自身が言いたい内容や表現を考えるプロセスを含んだ練習も行う必要があります。

ふり返りましょう

【質問3】
みなさんの授業では、【質問2】の練習例（1）〜（3）のうち、どのタイプの練習を多く行っていますか。その練習を、話す行為のプロセスの面からふり返ってみましょう。

　ここまでは、話をしているときに、話し手の中で起こっていることについて考えました。次に、話し手と聞き手のコミュニケーションについて考えてみましょう。

(2) 話し手と聞き手のコミュニケーション

　実際に話す行為をするときには、ふつうは聞き手（聞いている人）がいます。つ

まり、「話す」という行為は、その聞き手と「コミュニケーション」することであると言えます。では、話し手と聞き手との「コミュニケーション」にはどのような特徴があるのでしょうか。現実のコミュニケーションに注目して、整理してみましょう。

考えましょう

【質問4】
Aさんの気持ちを考えながら、次の会話例を読んでください。Aさんが話を始めた目的はなんでしょうか。

> 会話例
> A：Bさん、お休みの日は、どう過ごしていますか。
> B：まず、そうじや洗濯をして、それから散歩に出かけることが多いです。
> A：そうですか。ところで、日本料理は好きですか。
> B：ええ、好きです。てんぷらなどおいしいと思います。
> A：カラオケはやったことがありますか。
> B：ええ、歌うことが好きなので、カラオケも大好きです。
> A：じゃ、日曜日に日本人の友人のうちでパーティーがあるんですが、いっしょに行きませんか。カラオケもあるそうですよ。
> B：ああ、いいですね。ぜひ。

　Aさんが会話を始めるときには、「日本人のうちで行われるパーティーにBさんをさそいたい」という目的があります。そして会話の前半では、Bさんは何が好きなのか、パーティーにさそったら来てくれる可能性があるかどうかなどを考えながら、質問をしています。つまり、この会話には、「さそう」という目的と、Bさんについて知りたいという目的があります。
　このように話し手が話を始めるときには、何か**目的**があります。その目的は会話を始める動機やきっかけにもなっています。

「話す行為には目的がある」ということのほかに、話し手と聞き手のコミュニケーションには、**情報差、選択権、反応**という要素があります。

情報差：話し手と聞き手の間の情報の差をうめる

コミュニケーション行動が起こるきっかけは、

①聞きたいことがある。つまり、自分は知らないが、相手（聞き手）は知っている場合

②何か伝えたいことがある。つまり、情報や自分の気持ちを伝えたい、お願いしたいことがある、などの場合

などが考えられます。聞き手と話し手の間の情報差（information gap）をうめようとするのがコミュニケーション行動です。

【質問5】

次の練習のうち、話し手と聞き手の間に情報差がある練習はどれですか。また、それはどんな情報差ですか。

練習（1）
　教師　：「この教室には何がありますか。」
　学習者：「机やいす、テレビなどがあります。」

練習（2）
　教師　：「あなたの部屋には何がありますか。」
　学習者：「わたしの部屋には机やいす、コンピューターなどがあります。」

練習（3）
　次のページのような異なる情報がのっているシートを使ってペアワークをする。

A

● 友達に聞きましょう。

例) いすの下に何がありますか。 くつがあります。

田中さん

B

● 友達に聞きましょう。

例) いすの下に何がありますか。 くつがあります。

山田さん

『楽しく話そう』（文化外国語専門学校）のれんしゅう8　Aシート　Bシートより

選択権：自分で内容や表現形式を選んで話す

会話に参加する人は次の2点を選ぶ自由があります。
①言いたいこと（内容）を決める。
②言いたいことをどのように言うか（語彙、表現、機能など）を決める。

文型とその意味を学習したあとに行われる文型の練習では、多くの場合、「語彙、表現、機能」が決められています。そして、内容面も教師がコントロールしています。たとえば、次のような文型練習では、使う語彙や表現を教師が決めています。

教師　　：「夕食を食べる・宿題をする」
学習者：「夕食を食べてから宿題をします。」

このような練習では、話し手には、内容面においても表現面においても選択権がありません。この練習の主な目的は、新しい文型の「口ならし」です。実際のコミュニケーション行動では、話し手に選択権があり、言う内容や表現は自分で決めています。

【質問6】

次のような練習では、話し手に選択権がありますか。

> ＜教室での文型練習の例＞
> 教師　　：家に帰ってから、何をしますか。Aさん。
> 学習者A：夕食を食べてから宿題をします。
> 教師　　：Bさんはどうですか。
> 学習者B：私は、宿題をしてから夕食を食べます。

このような個人的な質問に答える練習の場合は、話す内容を自分で決めるため、話し手に選択権があります。自分自身の本当のことを話そうとすると、話す内容がはっきりしてきたり、積極的に話そうという気持ちになったりします。

反応：相手の反応を見ながら会話をすすめる

会話では、相手の反応を見て、会話の目的に向かって調整しながら会話をすすめていきます。相手に情報がきちんと伝わったかどうか、相手は理解した上で話をし

ているかどうかなどを確認しながら話します。会話の参加者は、自分の言いたいことだけを言っていればいいわけではありません。相手の様子によって、自分の対応を変化させています。

では、会話における「目的」と３つの要素、「情報差」「選択権」「反応」の関係を次の会話例でみてみましょう。

<会話例>
A：「今晩どう。」
B：「ああ、すみません。今日はちょっと…。」
A：「じゃあ、明日の夜は。」
B：「明日ならだいじょうぶです。」
A：「じゃあ、明日ね。」

　Aさんが会話をする目的は、Bさんをさそうことです。AさんにはBさんの都合や、さそいにのるかどうかはわかりません（情報差）。「さそいたい気持ちを伝えたい」「Bさんが都合が良いかどうかを知りたい」と頭の中で考えています。それを、日本語で「今晩飲みに行きませんか。」「今晩飲みに行こうよ。」「今晩飲みたいんだけど、つきあってくれる？」などの表現から自分の使う表現を選び（選択権）、実際に言います。そしてBさんはそれを聞いて反応をします。Bさんの反応は、OKの場合と、NOの場合があります。Aさんは、Bさんの反応に合わせて、次に言う

内容を決めます。そして、また自分が言う表現を選びます（選択権）。
　現実のコミュニケーションでは、このようなことがくりかえされます。

ふり返りましょう

【質問7】

みなさんは、会話の授業をどのように行っていますか。普段の自分の授業や、学校で行われている「会話」を目的とした授業をふり返ってみましょう。次の①〜⑥の項目について、「はい」か「いいえ」で答えてください。

会話授業のチェック項目	はい	いいえ
① 教師より学習者の方が多く話していますか。		
② 学習者が自分で話したい内容を、自分で考えて話していますか。		
③ 言いたいことをどのように言うかを、学習者が考えて選んで話す練習を行っていますか。		
④ 学習者は会話練習をすることで、お互いの情報差を埋めていますか。		
⑤ 相手の反応を見ながら、自分の対応を考える会話練習となっていますか。		
⑥ 練習する会話文が、目的がある会話となっていますか。		

「話すとは」のまとめ

　話す行為は、言いたい内容を考え、言いたい表現を選び、音声に出して相手に伝えるというプロセスをたどります。話し手と聞き手のコミュニケーションは、「目的」と「情報差」「選択権」「反応」からなっています。この、話すプロセスとコミュニケーションの要素を、教室における練習との関係で考えました。

1-2. 話す力とは
(1) レベル：ＡＣＴＦＬ－ＯＰＩ

考えましょう

【質問8】
「あの人は日本語を話すのが上手だ」または「下手だ」と言う時、何を基準にしてそう言っていますか。まわりの人にも聞いてみましょう。

　　日本語が上手だ、下手だと判断している基準はいろいろあり、それぞれの国、機関ごとに学習者のレベルをさす用語があります。また、たとえ同じ用語（例えば「中級」）でも、同じ程度を表すとは限りません。
　　そこで、ここでは、くわしい判定基準があるテストとして、ＡＣＴＦＬ－ＯＰＩ（The American Council on the Teaching of Foreign Languages － Oral Proficiency Interview）を利用して、レベルについて考えます。ＡＣＴＦＬ－ＯＰＩでは、口頭（oral）の到達度（proficiency）を、インタビュー（interview）によって測ります。そこでは、言語に関する「知識」をはかるのではなく、言語を使ってどんなタスクができるかを、「機能・タスク」「場面・話題」「テキストの型」「正確さ」という４つの要素から総合的に判定します。つまり、ＯＰＩは、インタビューを受けた人が、どれぐらいその言語について知っているかではなく、その言語による、どのような会話活動が、どのように、そして、どれだけできるかをはかるためのテストです。レベルは、初級（Novice）・中級（Intermediate）・上級（Advanced）・超級（Superior）があり、レベル判定は、ＡＣＴＦＬが作ったガイドライン（『ＡＣＴＦＬ言語運用能力ガイドライン 2012 年版―スピーキング』）にそって行います。くわしい情報は次のサイトを参照してください。

　　　　ＡＣＴＦＬ：https://www.actfl.org/
　　　　日本語 OPI 研究会：https://www.opi.jp/

　　表１は、ＡＣＴＦＬ（全米外国語教育協会）によるＯＰＩの「判定基準」を簡単にまとめなおしたものです。

表1　ACTFL-OPI　簡略図

レベル	N：Novice	I：Intermediate	A：Advanced	S：Superior
コントロールできるテキストの型	単語や句で話す。	独立した文または連文（一続きの意味を表す連続した複数の文）で話す。	段落（一つの話題を複数の文のまとまり）で話す。	複段落（話題を広範囲に取りあつかい、うまく構成された複数の長い段落）で話す。
できること	暗記した単語や表現で話す	質問をしたり、答えたりすることができる。日常的なことに対応する。（サバイバルの会話）	目前にないこと（物語、作業手順など）を説明・描写する。非日常的なこと（仕事、困難な状況、複雑な状況、非常時など）に対応する。	どんな話題でも対応できる。フォーマル／インフォーマルの会話を使い分ける。（社会文化的適切さ）
具体的な言語活動の例	・あいさつをする。 ・名前や職業が言える。	・レストランで注文する。 ・電話でホテルの予約をする。	・自分の町についてくわしく説明する。 ・映画やドラマのあらすじを話す。 ・遅刻の理由を説明する。	・政治問題について議論する。 ・上司の意見に反論する。 ・幼児とインフォーマルで話しをする。
正確さ	間違いが多い　　　　　　　　　　　　　　　　　　　　　　　　　　間違いが少ない			

　各レベルの具体的な特徴や会話例は、牧野ほか(2001)にくわしい説明があります。ここでは、レベル判定の具体例を比べてみましょう。

【質問9】

次の3つの会話は、N（Novice）、I（Intermediate）、A（Advanced）の例のうち、どのレベルでしょうか。それぞれどんな特徴がありますか。(牧野ほか(2001)より)
(T：テストをする人　S：テストを受ける人　会話例中の＜　＞は、聞き手のあいづち)

会話例（1）

T：ごしゅみはどんなことですか。

S：えーと、私のしゅみは、えーとー、スポーツをすることです。

T：あー、そうですか。＜うん＞ふーん。スポーツはどんなスポーツが好きなんですか。

S：んー、バレーボールとか、＜うん＞テニスとか好きです。

T：あー、そうですか。＜うん＞じゃあ、日本でもバレーボールやテニスをしていますか。

S：いいえ、全然したことがないです。

…（略）…

T：あー、そうですか。あのバレーボールもね、あのゲーム？＜うん＞あたし、昔やったことあるんですけれども　最近ちょっと、全然やってないので、どんなゲームか教えてくれませんか。

S：えーと、ちょっと難しい、＜ええ＞えーと、えーと、えー、両チームは＜うん＞分けて、＜うん＞一つチームは6人で、＜うん＞えーと、えーと、しています。＜うん＞そのゲームをしています。＜うん＞えと、ボールはえと、地面に、＜うん＞ついて、＜うん＞そのチームは負けちゃった。その点が、｛笑｝と、負けちゃった。

牧野成一ほか『ACTFL-OPI入門』(pp.213-214)（アルク）

会話例（2）

T：ちょっとそれがどんな内容か教えてもらえません？　何かすごく面白そうなんですけど、100年の女性の＜はい＞歴史。

S：3代の、3代の女性に、女性の話なんですけど、＜はい＞んー、100年、約100年前の女性＜ええ＞んー、自分では何も、で、選ばない、選べる、選べることができ、あ、選ぶことができない女性が、んー結婚、自分の意志、とは関係な、関係なく、んーおと、おと、夫と結婚して、でもちょっと不幸になりましたけど、＜ええ＞その彼女の娘が、んーと火曜日のドラマで、戦後の、戦後のんー女性として、あ、日本に、戦後日本にアメリカの軍隊が入ってきたんじゃないですか＜はいはい＞その時の話でした。それで、＜あー＞んー、日本人なのに、日本人なのにアメリカの軍隊にそくして、属してた男の人と…

牧野成一ほか『ACTFL-OPI入門』(p.209)（アルク）

会話例（3）
T：じゃあ、あの、王さんの部屋は、どんな部屋ですか。
S：……あーん……
T：な、どんなものがありますか。教えてください。
S：あー、ベトー、と、机？と……＜机？＞うーん、……なに……。
T：ベットと机と？
S：あー、……ははん
T：なにかしら。
S：忘れました。｛笑｝……うんーと、いすと私のものど、本……｛笑｝
T：うーん。私のもの？
S：はん。
T：例えば？
S：あー、ふくー、と、食事のもの……。
T：食事のもの。
S：と、本、と、……何……｛笑｝あー、忘れました。

牧野成一ほか『ACTFL-OPI入門』（p.218）（アルク）

【質問10】

次のことができるのはどのレベルでしょうか。表1や【質問9】を参考にして、（　）にレベルをN（Novice）、I（Intermediate）、A（Advanced）、S（Superior）で書いてください。

（1）駅までの道を聞かれて答える。（　　）

（2）環境問題について、理由といっしょに意見を言う。（　　）

（3）レストランに電話して、忘れ物をさがしてもらう。（　　）

（4）友達を映画にさそう。（　　）

（5）ホテルの部屋について苦情を言う。（　　）

（6）先生に頼まれたことをていねいにことわる。（　　）

（7）病院に電話して、子供の病状の説明をする。（　　）

【質問11】
「友達を映画にさそう」というタスク（課題）はできましたが、文法が正確ではない場合、ＡＣＴＦＬ－ＯＰＩの判断基準ではどのように考えたらよいのでしょうか。

　ＡＣＴＦＬ－ＯＰＩでは、ある機能（さそう、断る、説明するなど）を達成できるかどうかという面から話す力を測ります。したがって、文法は、話す能力を支える一つの柱に過ぎません。つまり【質問11】の例では、たとえ文法的には正確ではなくても、さそうという機能が達成できていれば、その課題ができたとみなします。ＡＣＴＦＬ－ＯＰＩでは、話す能力を判定するときには、文法的な正確さだけを重要視することはありません。

ふり返りましょう

【質問12】
あなたが教えている学習者の話す能力は、ＡＣＴＦＬ－ＯＰＩの基準ではどのレベルにあてはまりますか。

　ＡＣＴＦＬ－ＯＰＩの基準では、みなさんの学習者はどのレベルでしたか。みなさんのコースのレベル名と必ずしも同じではない場合もあるでしょう。そこでこの本では、2章の具体的な教室活動を考える際に、みなさんが持っているレベルのイメージをそろえるために、レベルの目安を次のように示します。
　①レベルをさす用語を、「初級」「中級」「上級」と呼ぶことにする。
　②そのレベルの示す範囲をＡＣＴＦＬ－ＯＰＩの基準に照らしあわせて、図2のように示す。

OPIのレベル	Novice	Intermediate	Advanced	Superior
この本のレベル名	初級	初級／中級	中級／上級	上級

図2　この本のレベル名とＡＣＴＦＬ－ＯＰＩの対照

(2) コミュニケーションに必要な能力

言語能力とは何かについては、1960年代半ばまでは、文法知識だけが注目されていました。1970年代以降、さまざまな分野の研究者が、言語能力を広くとらえるようになり、言語を使う能力も注目されるようになりました。たとえば、社会言語学者のHymes（1972）は、「文法規則をいかに使用するかを理解しなければ、文法の学習は無意味である」と述べ、「いつ、だれに対して、どのように話すのかといった言語使用の適切さに関する能力」を「コミュニケーション能力」（communicative competence）と名づけました。さらに、Canale（1983）は、このコミュニケーション能力を、①文法能力、②社会言語能力、③談話能力、④ストラテジー能力の4つに分けました。①の「文法能力」とは、文法規則、語彙の知識、発音、文字、表記などに関する能力で、外国語教育では古くから注目されていた能力です。では、②〜④はそれぞれどんな能力でしょうか。以下でみていきましょう。

考えましょう

(2)-1 社会言語能力

【質問13】
次の学生の発話は、表現や文法では間違っているところはありません。しかし、言われた先生は変な顔をしました。なぜでしょうか。

> 会話例　場面：大学の研究室で
> 学生：「先生の論文、見ました。すばらしいですね。本当に先生はすごいですね。」
> 先生：「……」

目上の人である先生のことを、学生が「すごいですね」とほめる、つまり「評価する」ということ自体が、日本社会のルールに反する場合があります。みなさんの国ではどうでしょうか。また、先生のような目上の人には、敬語表現を使用するというのも日本語においては、重要なことです。このように、ことばを使用するときに、どのような話題を、どのような場面で、どのような人に向かって、どのような表現を使って、どのように言えばいいのかは社会や文化で決まっている固有のルー

ルがあります。そのようなルールを守ってことばを使う能力のことを**社会言語能力**と言います。

(2)-2 談話能力

会話は、普通、一文だけでなく、複数の文が集まって一つの意味のまとまりを持ちます。その「まとまり」を談話と言います。

【質問 14】

次の二つは、会社で早退の許可をとる場面の会話です。どちらが自然な会話ですか。それはなぜでしょうか。

会話例（1）
A：子供が熱を出したので、帰らせていただきたいんですが。
B：あ、そうですか。いいですよ。

会話例（2）
A：あのう、すみません。
B：どうしたんですか。
A：実は、子供が熱を出したので、帰らせていただきたいんですが。
B：あ、そうですか。いいですよ。
A：忙しいときにすみません。
B：いいえ。

　　会話例（2）の方が自然な会話ですね。なぜでしょうか。会話例（1）は、一つの用件（子供が熱を出したので早退する許可をとりたい）と、それに対する相手の返事だけですが、会話例（2）は、次の特徴があります。
①会話の「始まり」の部分と「用件」の部分と「終わり」の部分がある。
②「あのう、すみません」「実は」「忙しいときにすみません」など、①の流れを聞き手に示すような表現を使っている。

```
A：あのう、すみません。      ｝ 始まり
B：どうしたんですか。

A：実は、子供が熱を出したので、帰らせていただきたいんですが…。 ｝ 用件
B：あ、そうですか。いいですよ。

A：忙しいときにすみません。    ｝ 終わり
B：いいえ。
```

自然な会話にはこのような流れがあります。そして、①②は、相手、用件、場面などによって違います。

話の展開の仕方を考え、意味のまとまりをもった談話を組み立てることができる能力を**談話能力**と言います。会話を始めたり、続けたり、終わらせたり、話題を転換したりする、談話の管理を上手にできる能力です。

【質問 15】

話の展開の仕方も、社会によって異なることがあります。たとえば、友だちにお金を借りるという依頼の場面を思いうかべてください。どのように言いますか。会話例を考えてみてください。

(2)-3 ストラテジー能力

【質問 16】

話している時に次のような状態になった場合、どうしますか。
① どうしてもある単語を思い出すことができなかった。
② 相手が言うことがわからなかった。
③ 自分が言ったことを相手がよく理解できなかった。

話をしている時に困ったことがあっても、ほかの方法で、コミュニケーションの目的を達成することができる能力を**ストラテジー能力**といいます。つまり、うまくコミュニケーションできないとき、いろいろな方法で工夫することができる能力のことです。みなさんはこのようなストラテジーを使っていますか。ストラテジー能力があれば、ほかのコミュニケーション能力、つまり、文法能力や社会言語能力や

談話能力が不足していても、コミュニケーションの目的を達成することができます。したがって、ストラテジー能力は、日本語学習を始めたばかりの段階の学習者にとっては、特に重要になります。

　授業計画をたてるときは、文法能力はもちろん、社会言語能力、談話能力、ストラテジー能力の4つのコミュニケーション能力を、バランスよく伸ばすような授業を考えることが大切です。

整理しましょう

　次の表は、4つのコミュニケーション能力の定義と、各能力に関連する知識や技能を、本書であつかうものを中心にまとめたものです。

表2　コミュニケーション能力（communicative competence）と話す技能

	能力の定義	関連する技能や知識
文法能力	言語を文法的に正しく理解し使用する能力	文法規則、語彙、発音（イントネーション、アクセント）、文字・表記
社会言語能力	相手との関係や場面に応じて、いろいろなルールを守って言語を適切に使用する能力	相手や場面によるスピーチスタイルの選択、話題の選択、非言語行動
談話能力	談話を管理し、組み立てることができる能力	会話の開始・継続・終了の仕方、あいづちの打ち方、話題の転換や展開の仕方、発言の順番とり
ストラテジー能力	コミュニケーションがうまくいかなくなったときに、自分や相手の発話をコントロールして修復する能力	自分の発話の調整（ほかの表現への言い換え、説明、母語使用）　相手への援助要請（聞き返し）

ふり返りましょう

【質問17】
みなさんは授業計画をたてるとき、4つのコミュニケーション能力のどれに注目していますか。

話す力のまとめ：話す力とは

　学習者のレベルを判断するときに、いろいろな基準がありますが、ここでは、ＡＣＴＦＬ－ＯＰＩを、簡略化した図を使って紹介しました。このテストでは、言語に関する「知識」をはかるのではなく、言語を使ってどんなタスクができるかを、「機能・タスク」「場面・話題」「テキストの型」「正確さ」という4つの要素から総合的に判定します。また、この本で考えるレベルの目安を、図2で示しました。そして、コミュニケーションに必要な4つの能力（①文法能力、②社会言語能力、③談話能力、④ストラテジー能力）のうち、②〜④はどんな能力なのかを考えました。

　話す力を測る方法には、本章で紹介したACTFL－OPIの他に、JF日本語教育スタンダード準拠ロールプレイテストがあります。このテストでは、現実社会でどの程度の課題を遂行できるか、という観点で評価をします。CEFR（Common European Framework of Reference for Languages: Learning, teaching, assessment）に基づいたJF日本語教育スタンダードのレベル基準（A1〜C2）を使っています。詳しくは https://www.jfstandard.jpf.go.jp/roleplay/ja/render.do をご覧ください。

　課題遂行を重視した評価や授業設計については、本シリーズ10巻『中・上級を教える』をご覧ください。

2 話す力を育てるには

　前章までは、話す行為や能力について考えてきました。ここからは、これまでみてきた話す力に関する理論を、話す力を育てるための具体的な教室活動にどのように反映させるかを考えます。

2-1. 自分の授業をふり返る

ふり返りましょう

【質問 18】
会話の授業を担当する場合、どのようなことが難しいですか。どのようなことに悩んでいますか。自分の授業をふり返ってみましょう。まわりの人とも相談してみましょう。

　教室活動をデザインするときには、学習者のレベルにあわせて、目標にあった練習を計画することが重要です。その際、なるべく現実のコミュニケーションに近い要素を取り入れてデザインしてみましょう。
　この本では、いろいろある会話練習の中でも、「インタビュー」「スピーチ」「ディスカッション」「ロールプレイ」をとりあげます。これらの活動は、日常生活の中で経験している「話す」という行為に近い活動で、コミュニケーションの要素（目的、情報差、選択権、反応）を入れることができる活動です。これらは、多くの教科書であつかわれている代表的な会話練習でもあり、次のような特徴があります。

・まわりが日本語環境ではない海外でもできる。
・大がかりな準備がいらない。
・ある程度限られた時間内でできる。
・初級〜上級の各レベルに応じたアレンジがしやすい。

　ここでは、4つの教室活動を、1章で確認した会話に関連する理論に結び付けて

くわしく見ます。次のようなポイントに気をつけながら活動を考えます。

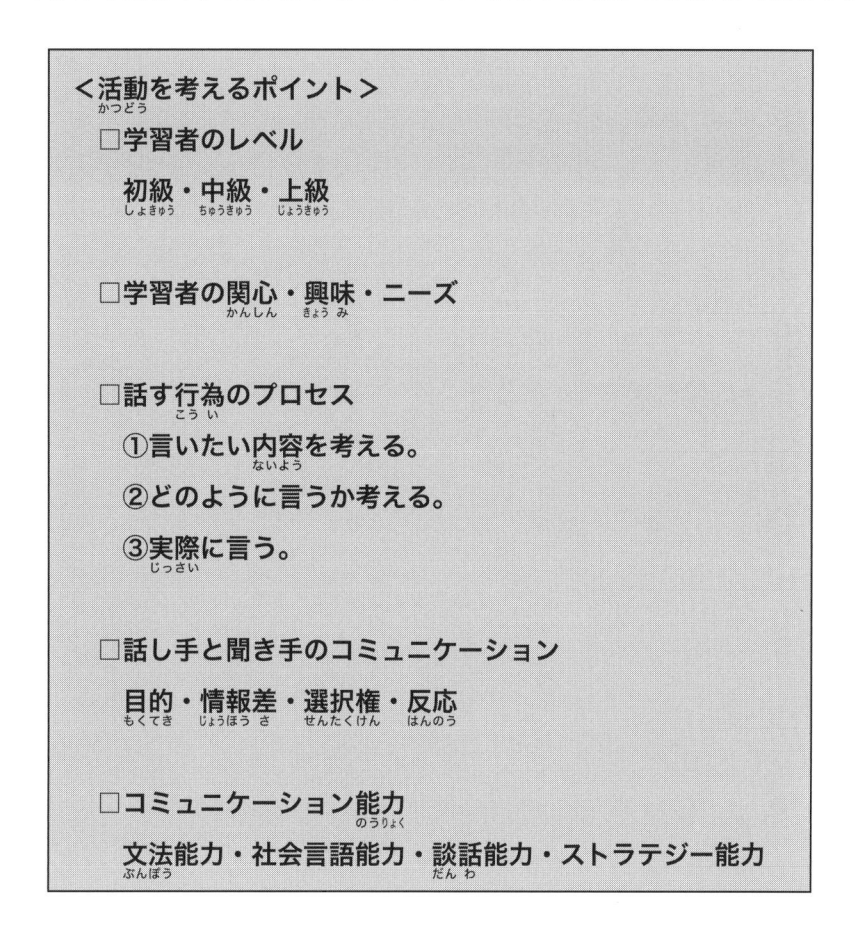

> <活動を考えるポイント>
> □学習者のレベル
> 　　初級・中級・上級
>
> □学習者の関心・興味・ニーズ
>
> □話す行為のプロセス
> 　　①言いたい内容を考える。
> 　　②どのように言うか考える。
> 　　③実際に言う。
>
> □話し手と聞き手のコミュニケーション
> 　　目的・情報差・選択権・反応
>
> □コミュニケーション能力
> 　　文法能力・社会言語能力・談話能力・ストラテジー能力

　この本では、特にコミュニケーション能力に注目して活動を考えます。コミュニケーション能力のうち、文法能力に関しては、多くの人がすでに注目して授業計画をたてていると思いますが、文法的な正確さだけに注目していては話す力を育てることはできません。そこで、2章では、そのほかの3つの能力、すなわち、社会言語能力、談話能力、ストラテジー能力を、「インタビュー」「スピーチ」「ディスカッション」「ロールプレイ」を通して、どのように伸ばすことができるかを見ていきます。

2-2. インタビュー

　テレビや雑誌などを通じて普段私たちはインタビューに触れる機会があります。インタビューとは、自分が聞きたいことについて情報を持っていると思われる人に質問をして、情報を得る活動です。ここでは、会話の授業で行うインタビューをインタビュー活動とよびます。インタビュー活動を通じて、どのように話す力を伸ばせるかを考え、整理してみましょう。

(1) インタビュー活動の目的

　ふり返りましょう

【質問19】
みなさんは、今までインタビューをしたことがありますか。もしあったら、そのときのことをよく思い出してください。①いつ、②どこで、③だれに、④何について、そして、⑤何のためにインタビューをしましたか。

　インタビュー経験が無い人もいるでしょう。インタビュー経験のあった人は、記事を書くための取材や、自分の研究のための調査など、具体的な目的があったのではないでしょうか。

　考えましょう

【質問20】
日常生活の中で、私たちがインタビューをすることは、あまりありません。それにもかかわらず、なぜ、インタビューは、外国語の教室活動としてよく行われるのでしょうか。

私たちは、日常生活の中で、よく道をたずねたり、イベントの問い合わせをしたり、コンピュータの使い方をたずねたりします。実は、このような行為は、自分が知りたい情報を得るために、情報を持っていると思われる人に聞くという点で、インタビュー活動と非常に似ているのです。では、日本語の授業で行われるインタビューはどうでしょうか。

やってみましょう

《例題1》
初級のレベルでよく行われるインタビュー活動の一例として次のページのインタビュー活動を行い、録音してみましょう。そして、次の点について考えてください。

①このインタビューの目的は何でしょうか。インタビューの話題や質問はあなたが聞きたい話題や質問ですか。また、実際のコミュニケーション活動にある、情報差、選択権、反応はこの活動にありますか。
②日常生活の中で、このような質問を全部行うのはどんな場合ですか。

40 カラオケに行ったことがありますか

学習項目	● ~たことがあります
ゴール	● 他の学生に聞いて、シートを埋める
形　式	● グループ（7人ぐらいまで）
単語・表現	● （すもうを）見る、する、（すしを）食べる、（京都に）行く、（着物を）着る、（富士山に）登る、（船に）乗る、（温泉に）入る、（カラオケに）行く、（カラオケで）歌う
用意する物	● インタビューシートを1人1枚（p.92）

ゲームのすすめ方

1) インタビューシートを各学生に1枚ずつ渡す。
2) シートの左側の名前の欄に自分のグループの人全員の名前を書く（自分の名前は除く）。
3) 学生は立って、グループ内の1人1人に「~したことがありますか」の文型を使って質問していく。
   [例]　すもう　→　すもうを見たことがありますか。
　　　　おすし　→　おすしを食べたことがありますか。
4) 聞いた相手がしたことがある場合には○、ない場合には×をシートに書き入れる。
5) クラスで結果を発表する。
   [例]　学生1：Aさんはすもうを見たことがありますが、Bさんはありません。
　　　　学生2：Cさんは着物を着たことがあります。

インタビューシート

名前	すもう	おすし	京都	きもの	富士山	船	温泉	カラオケ

CAGの会『日本語コミュニケーションゲーム80』（pp.91-92）（The Japan Times）より

初級レベルの学習者にとって、インタビュー活動は学習した文法や文型の口頭練習としての役割が大きく、使える言葉の数が限られています。ですから初級レベルでは、インタビューの話題や内容、インタビューの相手を教師が決めたほうがよいでしょう。その時、学習者が興味をもつ内容を取り上げ、インタビュー活動の目的を理解させるようにすることが大切です。

考えましょう

【質問21】

インタビュー活動を日本語の授業で取り入れることによって、どのようなコミュニケーション能力を育てることができるでしょうか。次のインタビュー会話を使って考えてみましょう。

A：①すみません。千葉さん。
B：②はい。
A：③あの、お見合い結婚について、ちょっとインタビューしたいんですけれども。
B：④はあ、見合い結婚ですか。
A：⑤ええ、見合い結婚についてどう思われますか。
B：⑥見合い結婚ねえ。そうねえ、私は、結婚ならやっぱり恋愛がいいわねえ。
A：⑦どうして恋愛がいいんですか。
B：⑧どうしてって、自分が好きな人と結婚したいからよ。
A：⑨はあ、自分が好きな人と結婚したい。
B：⑩そうよ。自分が好きな人と結婚したいし、見合い結婚なんておもしろくないし、ロマンスがないじゃない。
A：⑪ロマンスって英語のromanceですか。
B：⑫そうよ。２人でロマンチックにデートしたり、旅行したりして、それから結婚したいの。
A：⑬ああ、なるほど、じゃあ、恋愛結婚はロマンチックだけど、見合い結婚はロマンチックじゃないというわけですね。
B：⑭そう思うけど。
A：⑮そうですか。わかりました。どうもありがとうございました。

筑波ランゲージグループ『Situational Functional Japanese 教師用指導書』初版（凡人社）を利用

①A、Bのどちらがインタビュアーですか。
②上のインタビューからインタビュアーの役割を考えてみましょう。

> <ヒント>
> ⑤、⑦、⑪の部分／⑨、⑬、⑮の前半部分／①、③、⑮の後半部分ではそれぞれインタビュアーはどんな仕事をしていますか。

　インタビュアーの役割には、1）知りたい情報を得るための質問をする役割（⑤⑦⑪）、2）インタビューで聞いた話についてその理解や感想を示す聞き手としての役割（⑨⑬⑮）、3）インタビューの開始、終了、話題の転換、継続、相手の話のうながしなど、インタビューの進行を管理する役割（①③⑮）があります。これら3つの役割は、どのレベルでも求められます。
　これらの役割は、次のようなコミュニケーション能力と関係があります。まず、1）と3）の役割は、談話能力と関わりがあります。また、特に初級の学習者が2）の役割を十分に果たすためには、ストラテジー能力が必要とされます。

やってみましょう

【質問22】
《例題1》（P.25）で録音したインタビューでは、インタビューの開始と終了、それから、次の質問へ移る時に必要な表現を使っていましたか。また、相手の答えに対して、あなたは聞き手として、理解や感想をちゃんと示していましたか。確認してみましょう。

　このような役割を果たす際に必要とされる談話能力やストラテジー能力は、特にインタビュー活動を通して育てることができます。
　では、これから、レベルごとにどのようなコミュニケーション能力が必要とされるかを具体的に考えていきましょう。

1）談話能力

　談話能力とは、インタビューの開始、終了、次の質問への移行、相手の話への理解や感想の表示など、談話の管理に必要なコミュニケーション能力です。

考えましょう

【質問23】

　《例題1》（P.25）のインタビュー活動例をもう一度思い出してください。初級の学習者に最低限必要な談話能力を、具体的に考えてみましょう。この活動では、談話能力を育てるために、どのような説明をし、そしてどのような練習をすればいいと思いますか。具体的な表現をあげて考えてください。それが、学習者のレベルに合ったものかどうかも考えてください。

> **＜ヒント＞**
> 　【質問21】のインタビュー会話を見てみましょう。

【質問24】

【質問23】と同じように、次のような中級以上のインタビュー活動例について考えてください。

インタビュー

　次のようなことについて、インタビューをして発表してください。

- 通勤/通学の時間、手段　　・近くにある公園、公共施設、その他
- 近くにほしいと思う公園、公共施設、その他
- 現在の所に住んでいる理由　　・現在の所に住んでいていいと思うこと
- 現在の所に住んでいてよくないと思うこと
- ほかの土地に住みたいと思うか／思ったことはあるか（いつ、どんなとき）
- どんな所に住みたいと思うか。　　・その他

　　　　　安藤節子ほか『トピックによる日本語総合演習－テーマ探しから発表へ　中級後期－』
　　　　　（スリーエーネットワーク）第5課「住宅　Ⅳ.調査発表」より一部利用

中級レベルになると、インタビュー相手の話が長くなります。また、表現や相手の話への理解を示すあいづちも、相手や状況によって、いくつかの種類を使い分けることが必要になります。この際、ただ、表現を覚えさせるのでなく、使われる場面や状況と共にそれらがどのような感情や意味を表すのかを導入して、理解させることが重要です。

2）ストラテジー能力

　ストラテジー能力とは、インタビューの目的をうまく達成するために必要なコミュニケーション上の工夫を指します。ストラテジー能力も、以下のように学習者のレベルに応じて、必要とされるものが違ってきます。

初級レベル：　　　インタビューに答える人にできるだけ短く、ゆっくり話してもらえるようにするなど、自分が理解できるような話し方を相手にさせるためのストラテジー

中級以上のレベル：理解できなかったことやもっと聞きたいことについてさらにくわしく説明してもらったり、自分の理解が正しいかどうか、言い換えて確認したりするストラテジー

考えましょう

【質問25】

具体的なストラテジーをあげてみましょう。また、どのような方法でこれらのストラテジーを導入、説明し、練習すればよいでしょうか。学習者のレベルに合わせて考えてみましょう。

　①初級レベル
　②中級以上のレベル

(2) インタビュー活動の方法

(2)-1　活動の設定の仕方

　インタビュー活動を授業に導入する際に、まず考えなければならないのは、インタビューの話題と場面です。この時、学習者の興味、関心がどこにあるか、また、どんな場面でそのようなインタビューを行う必要性あるいは可能性があるかなどを考えます。

1）初級の学習者

　初級レベルの学習者は、身近で日常的な話題について、文を作って質問するとともに、相手が答えたことを理解できるようになることを目指します。

考えましょう

【質問26】

《例題1》でとりあげたインタビュー活動は「〜たことがある」の文型練習を主な目的としたインタビュー活動でした。このインタビュー活動を現実のコミュニケーションに近づけ、より効果的で、楽しい活動にするにはどうしたらいいでしょうか。

＜ヒント＞
《例題1》のインタビュー活動に不足していたことは何ですか。

【質問27】

初級のインタビュー活動では、多くの場合、《例題1》のようなインタビューシートがついています。このシートはどうして必要なのでしょうか。

2）中級以上の学習者

　中級以上の学習者は、個人的に興味を持っている話題や社会問題について、インタビューできるようになることを目指します。また、事実だけではなく、物事に対する考え方についても質問し、答えを理解できるようになることを目指します。

やってみましょう

《例題2》
以下の中級のインタビュー活動を行い、①～③について考えてください。

> ・現在の所に住んでいる理由　・現在の所に住んでいていいと思うこと
> ・現在の所に住んでいてよくないと思うこと
> ・ほかの土地に住みたいと思うか／思ったことはあるか（いつ、どんなとき）
> ・どんな所に住みたいと思うか。
>
> 安藤節子ほか『トピックによる日本語総合演習－テーマ探しから発表へ　中級後期－』
> （スリーエーネットワーク）第5課「住宅　Ⅳ.調査発表」より一部利用

①このインタビューの話題について、あなたは興味を持ちましたか。
②クラスメイトにこのインタビューをして、どのような感想を持ちましたか。クラスメイトと個人的な考えを聞くインタビューをしあうと、どのような効果がありますか。
③インタビューの相手は必ずしもクラスメイトとは限りません。では、このようなインタビューを教室外の日本語を話す人に対して行う場合を考えてみましょう。どのようなことが違ってくるでしょうか。

　中級以上のインタビューでは、学習者が興味や関心を持っている話題を選ぶことが重要です。その話題によって、インタビューする相手も当然変わってきます。学習者が興味を持っている話題に関してクラスメイトの考えを聞くことは、クラスメイトをよりよく知る機会となります。一方、教室外の人にインタビューをすることは、学習者の学習意欲を高めるほかに、相手によって言葉使いを変えたり、ていねいにインタビューの依頼をしたり、お礼を言ったりする練習にもなり、社会言語能力を育てる機会となります。

考えましょう

【質問28】
インタビュー活動を上級の学習者の授業で行う場合、初級や中級レベルの学習者とどのように違うでしょうか。次の点について考えてみましょう

　　①インタビューの話題と質問内容
　　②インタビュー相手の決定
　　③インタビューの日時と場所の設定
　　④教師の役割

【質問29】
インタビューをクラスメイトだけでなく、教室外の人にもすると、学習者の学習意欲が増すという効果があります。あなたが教えている所では、インタビューの相手をどのようにさがしますか。

(2)-2　評価の方法

評価の仕方を1）いつ、2）何を、3）どのように、4）だれがするのかという4点から考えていきましょう。

1）いつ評価するのか

インタビュー活動が終わった時点で行います。しかし、それには2通りのケースが考えられます。1つは、インタビュー終了後に、インタビューそのものを評価するもの、もう1つは、インタビューの成果をまとめたものを評価するものです。インタビューの成果をまとめたものを評価する場合は、スピーチや作文の評価と似ていますので、スピーチの評価の部分（P.47）を参照してください。以下では、インタビュー直後にインタビューそのものを評価する場合を取り上げます。

2）何を評価するのか

インタビュー活動の評価で最も重要なのは、インタビューの目的を達成できたかということです。そのほかには、コミュニケーション能力、提示した文型や表現などの言語項目が評価の対象となります。間違いだけでなく、よい点を評価することも大切です。

3）どのようにするのか

インタビューは、個人や2〜3人の小グループ単位で同時に行うため、教師はずっと1つのインタビューを観察することはできません。そのため、録音／録画が必要になります。そして、それをもとに、インタビュー活動をふり返ります。録音／録画をせずに、インタビュー結果の報告だけを評価する場合もありますが、その場合は、実際のインタビューの言葉づかいや進め方を評価することにはなりません。

4）だれがするのか

評価は、教師がする場合と学習者がする場合が考えられます。学習者の場合は、インタビューをした本人が評価する場合と、ほかのクラスメイトが評価する場合があります。

考えましょう

【質問30】
評価を教師がする場合と学習者（本人、クラスメイト）がする場合のよい点と悪い点をそれぞれ考えてみましょう。

　　①教師がする場合
　　②本人が自己評価する場合
　　③学習者どうしでする場合

これらの評価者による評価内容の違いや特徴をよく知った上で、評価方法を選択することが重要です。

(2)-3　インタビュー活動の流れと実際

ふり返りましょう

【質問31】
みなさんは、今までにどのようなインタビュー活動を授業で行ったことがありますか。その授業の流れを思い出して書き出してみましょう。

インタビューのテーマ〔　　　　　　　　　　〕
学習者のレベル〔　　　　　　〕学習者の人数〔　　　　人〕

活動の段階	活動内容	教具

考えましょう

【質問32】
『実践力のつく日本語学習－インタビュー編－』(アルク) 第2課「生活時間調査」巻末資料1 (P.97) を参考に、インタビュー活動の流れを分析してみましょう。

①このインタビュー活動は、何を目的にしていると思いますか。

インタビューの話題は、学習者が興味を持っている話題を選ぶのが理想的ですが、必ずしも全員がその話題について興味や関心を持っているとは限りません。そういう場合には、まずはそのインタビューの話題について、学習者に興味を持ってもらうことが必要になります。そのために必要な作業を**動機付け**と呼びます。このような動機付けの活動は、学習者にインタビューをする動機を与えるだけでなく、学習者がすでにもっている知識を活性化（activate）することにもなり、インタビューをより自然でスムーズなものにしてくれます。

②このインタビュー活動の流れ（ステップ）を下の（ア）～（カ）から選んで、並べてみましょう。教材の中にはないステップが2つあります。

　　（　　　）→（　　　）→（　　　）→（　　　）

③教材の中になかったステップはどこに入れるといいでしょうか。もう一度並べてみましょう。

　　（　　　）→（　　　）→（　　　）→（　　　）→（　　　）→（　　　）

35

(ア) フィードバック（内容面と言語面）
(イ) インタビューのテーマに関する文型や表現の導入、確認
(ウ) インタビュー結果をまとめ、発表する
(エ) 実際にインタビューをする
(オ) インタビューの開始と終了、次の質問へ移る時の表現、あいづちの打ち方などを確認し、練習する
(カ) 動機付け（導入部）と背景知識の活性化

整理しましょう

インタビュー活動を組み立てる上で考えなければいけないのは以下のような点です。

＜インタビュー活動の例＞

段階	教室活動を組み立てるためのチェック項目
①準備活動	□ インタビューの話題や目的、質問内容をどう決めるか □ だれに、いつ、どこで、何人でインタビューさせるか □ 動機付けや背景知識の活性化をどのようにするか □ インタビューモデルを示すか、示す場合、どのようなモデルをどのように示すか
②活動	□ 録音／録画をするか、しない場合、どのように観察や記録をするか □ インタビュー中、メモを取らせるか
③まとめと評価	□ 調査結果の報告を書かせるか、口頭でさせるか、その長さは？ □ 口頭でさせる場合、報告への質疑応答をさせるか □ インタビューの中で不足していた表現や誤りをチェックする場合、どのようにするか □ 報告の中で不足していた表現や誤りをどのように伝えるか □ だれがどのように評価するか、評価の観点は何か

考えましょう

【質問33】

「エアコンの設定温度を低くしているか」「テレビをできるだけみないようにしているか」など「環境のために各自がしていることを聞き合うインタビュー」をする場合を例に、①〜③について考えてみましょう。

①初級を教えている人は次のAを、中級以上を教えている人はBを課題にして、このインタビューを行う目的を考えて下さい。

　A『初級で読めるトピック25』第42課「あなたのエコロジー度は？」
　　 巻末資料2 （P.103）
　B『新日本語の中級』第20課「環境を考える」 巻末資料3 （P.104）

②インタビューの目的が決まったら、学習者がインタビューの話題に興味を持つようにしたり、学習者の持っている知識を活性化したりします。あなたは、どのような導入を考えますか。

③みなさんの学習者のレベルに合わせて、AかBの教材を使った場合の教案を書いてみましょう。自分の学習者が興味を持っている話題について書いてもいいです。

インタビューのテーマ〔　　　　　　　　　　〕
この活動の目標〔　　　　　　　　　　　　　　　　〕
学習者のレベル〔　　　　　〕学習者の人数〔　　　人〕

活動の段階	活動内容	教具

インタビュー活動のまとめ

　インタビュー活動を通じて育てることのできる主なコミュニケーション能力は、インタビュー会話を開始、継続、終了させたり、聞き手として、相手の話をうながしたり、自分の理解や感想を示したりする能力（談話能力）と目的達成のために不足している言語能力を補う工夫をする能力（ストラテジー能力）です。学習者の興味や関心があり、言語学習だけが目的ではないインタビュー活動をすることにより、より実際のコミュニケーションに近い練習にしましょう。

　インタビューの評価は、インタビュー活動自体の評価とインタビューの結果報告の評価があり、どのような力にポイントをおきたいのかによって、評価項目を選びましょう。また、教師、学習者どうしの評価、本人の自己評価のそれぞれの利点と欠点をよく知った上で、評価者も選択しましょう。

2-3. スピーチ

　スピーチとは、話し手が1人で多数の人の前で、まとまった話をすることです。しかし、話し手は1人でも、その準備段階や実際のスピーチ場面では、話し手は、聞き手の興味や理解を意識します。スピーチは、一定のまとまりのある話ができるようになるための練習として、とても効果的な活動です。スピーチの授業では、聞き手にわかりやすくて、面白いスピーチができるようになることをめざしましょう。

(1) スピーチの目的
(1)-1　よいスピーチとは

ふり返りましょう

【質問34】
みなさんは、よいスピーチとは、どのようなスピーチだと思いますか。スピーチをしたり、だれかのスピーチを聞いたりした経験をふり返ってみましょう。そして、それを以下の点から考えてみましょう。

　　①スピーチの話題や内容　　②構成　　③言語表現　　④話し方
　　⑤聞き手とのインターアクション*　　⑥姿勢や表情　　⑦その他
　　　　　　　　　　　　　*聞き手に質問を投げかけたりして、スピーチに参加させること

(1)-2　スピーチの目的と種類

　スピーチは、その目的によって次の3つに分けられます。(参考『日本語口頭発表と討論の技術』東海大学出版会)

①情報提供型スピーチ：物、人、方法、仕組み、出来事、現象、概念、理論について説明、紹介するスピーチ
②意見表明型スピーチ：自分の考えや思いを述べるスピーチ
③社交目的型スピーチ：結婚式、卒業パーティなどの何かの集まりで行うスピーチ

　しかし、すべてのスピーチが3つのタイプにきれいに分けられるわけではありません。結婚式のスピーチを例に考えてみましょう。結婚式では、まず、お祝いの気持ちを伝えるためにスピーチをします。また、新郎新婦がどのような人かを紹介するエピソードを述べることもありますし、こういう家庭を築いてほしいという希望を述べることもあります。

このように、3タイプのスピーチは、実際には重なり合っています。

(1)-3 スピーチ活動の目的
スピーチ活動を通して、学習者はどのようなコミュニケーション能力を身に付けられるのでしょうか。ここでは、談話能力とストラテジー能力を中心に考えます。

1）談話能力

考えましょう

【質問35】
どのようなコミュニケーション能力を身に付けられるのかを、①初級レベルと②中級レベルの自己紹介スピーチのモデル文を見て考えてみましょう。①②に共通している点と、違っている点は何ですか。

自己紹介例（1）
みなさん、はじめまして。私は、ジェームスです。アメリカのウィスコンシン州にあるラザラン高校で日本語を教えています。しゅみは野球とコンピューターです。家族は、妻と2人の息子です。ここにいる間、がんばって日本語を勉強したいです。どうぞよろしくお願いします。

自己紹介例（2）
私の名前はマルコムです。でも、日本人には覚えにくいかも知れないので、漢字で「円来夢」と書いて「マルコム」と読むことにしています。これは、「お金が来る夢」という意味で、私は大変気に入っているのですが、こうやって名前を教えると、ときどき「エンライムさんですか」と聞かれてしまったりします。将来、お金持ちになりたいマルコムです。どうぞよろしく。

鎌田修ほか『生きた素材で学ぶ中級から上級への日本語』(The Japan Times) を利用

共通点：

違う点：

> **＜ヒント＞**
> スピーチ内容のまとまり方と、文と文のつながりに注目してみましょう。

　ある話題について一定のまとまりのある発話をするためには、**内容的な一貫性（coherence）**や**前後の発話間のつながりを示す結束性（cohesion）**が必要になります。（1）の自己紹介の場合は、内容に意味的な一貫性があるため、まとまりのある発話となっています。一方、（2）の自己紹介の場合は、内容的な一貫性だけではなく、前後の発話のつながりを示す接続詞が使われており、さらにまとまりの強いスピーチになっています。このように、レベルが上がるにつれて、内容的な一貫性だけでなく、前後の発話のつながりを示す接続詞や副詞などを効果的に使えるようになることが、スピーチの大きな目標になります。

やってみましょう

《例題3》
次のスピーチモデルを話の構成や展開に使われている表現に注目し、分析してみましょう。以下の①～⑥を示す部分に、下線を引いてください。

①スピーチの開始　②出来事の時間の設定　③問題の発生や予想外の出来事の発生
④問題の解決に向けた行動　⑤出来事に対する感想を述べる　⑥スピーチの終了

　きょうは私が日本で体験したちょっといやだったことについてお話ししたいと思います。
　それは、日本に来てすぐのことでした。
　私は友だちといっしょに大阪でご飯を食べることになりました。友達と「改札の前の花屋で待ち合わせをしましょう」と約束しました。でも、大阪駅に着いて、改札を出たら、花屋がありませんでした。私は、道に迷ってしまったことに気が付きました。そこで、近くにいた女の人に「すみません。この近くに花屋はありますか」という日本語で聞きました。すると、その女の人は私の顔を見てびっくりして、「No,No,English!」と言いながら、行ってしまいました。

その女の人はとても急いでいるようでした。そこで、今度はベンチに座っている男の人に聞くことにしました。「すみません。改札の前にある花屋を探しているんですけど…」と日本語で話しかけてみました。すると、その男の人は、とても上手な英語で「西口の改札の前ですよ」と言いました。

私は、そのとき、ちょっといやな感じがしました。私は、日本語で聞いているのに、どうして日本人は、英語で答えるのでしょうか。日本人は、外国人をみると、みんな英語しか話さないと思うようです。

きょうは、私の日本での体験についてお話ししました。みなさんはどう思われるでしょうか。

国際交流基金 関西国際センター『初級からの日本語スピーチ』(pp.145-146)(凡人社)を利用

談話能力に関わる表現や接続詞は、《例題3》のように、スピーチ全体の流れの中で示すとよいでしょう。

考えましょう

【質問36】
《例題3》で見たような談話能力に関わる表現や接続詞をどのように導入しますか。

【質問37】
次のような悩みを、あなたならどう解決しますか。
「私は日本語に自信がないので、学習者に示すスピーチのモデルを自分で書けません。モデルスピーチを探すよい方法はありませんか。」

2）ストラテジー能力

やってみましょう

《例題4》
準備なしで、自己紹介をやってみましょう。そして、それを録音し、以下の点から分析してください。
　①自己紹介を始めたときの第一声は何でしたか。
　②話の途中でことばがすぐ見つからなかったり、話す内容を考えたりしているとき、何か使っていた表現がありましたか。

考えましょう

【質問38】
《例題4》の①や②の表現は、スピーチをする際どのような働きをしているでしょうか。

　これらの表現は、一見、意味が無いように見えますが、実は、

①聞き手を注目させる働き、話をはじめることを知らせる働き
②話す時、言葉がみつからなかったり、話す内容を考える時間がほしいときに、時間をかせぐ働き

を持っています。このような働きを持つ表現を**フィラー**と呼びます。フィラーを使うことは、談話を管理する談話能力とコミュニケーションをうまく行うためのストラテジー能力にあたります。これらの能力は、スピーチ活動を通して育成できる能力です。母語で話すとき、私たちはフィラーをあまり意識しないで使っていますが、外国語では、使い方が分からなかったり、表現を知らなかったりするので、その存在を意識させたり、練習させたりする必要があります。

考えましょう

【質問39】
初級レベルで、具体的にどのフィラーを導入したらいいかを考えてみましょう。その際、『みんなの日本語』の練習Cやモデル会話、『SFJ』などの初級教科書の会話を参考にしてみましょう。また、これらの初級教科書に出ているもの以外で、あなたの知っているフィラーがあったら、あげてみてください。

【質問40】
フィラーを指導する時に、気をつけなければならないことがあります。それはどんなことでしょうか。次のスピーチの例を見て考えましょう。

> あ、え、あのー、自分は野村、野村雄次です。え、えっとー、大学、大学は松学、松本学院大学で、あのー、でー、えっと、サークルは陶芸部でし、そう陶芸部でした。
>
> 野田尚史ほか『日本語を話すトレーニング』(p.77)（ひつじ書房）より

(2) スピーチ活動の方法
(2)-1　活動の設定の仕方

授業でスピーチ活動を行う際に考えなければならないこととして、1）スピーチの話題、2）授業におけるスピーチの時間の取り方、3）スピーチ準備と練習のさせ方の3点を取り上げます。

1）スピーチの話題

スピーチの話題は、学習者が興味を持っている話題を選ぶと共に、レベルに合ったものを選ぶことが重要です。スピーチの話題はレベルによって違ってきます。

考えましょう

【質問41】

次の①～⑥の話題はどのレベルに適していると思いますか。

レベル	初級	中級	上級
話題			

①夏休みにしたいこと　②得意料理の作り方　③教育問題についての私の意見
④日本でおどろいた出来事　⑤外国人にも住みやすい社会とは　⑥私のしゅみ

> **＜ヒント＞**
>
> レベルが上がるにつれて、話題は、自分に身近な話題から、社会問題などの複雑で抽象的テーマになっていきます。また、発話の単位もだんだん長くなり、使用する文法や表現も複雑になっていきます。

2）授業におけるスピーチの時間の取り方

【質問42】

次のような悩みにあなたならどう答えますか。
「1クラスの人数が多く、なかなかスピーチを授業でやる時間が取れません。どうしたらよいでしょうか。」

　スピーチの時間の取り方は、全員のスピーチを一度にやる方法と、毎回の授業時間を少しずつ使って、数名ずつさせる方法があります。全員が一度にやる場合、聞く側は一度にたくさんの人のスピーチを聞くことになります。一方、毎回の授業で、数名ずつがスピーチするようにすると、一度に聞くスピーチの数が減りますが、教室活動にバラエティーを持たせられるという効果もあります。学習者間で準備期間の差が出るなどの問題はありますが、人数の多いクラスでもスピーチを取り入れやすくなるでしょう。

3）スピーチ準備と練習のさせ方

スピーチ原稿を書くという作業は個人的な作業です。しかし動機付けのための活動や、内容を決めるためにアイディアを自由に出しあう活動は、グループやペアですることができます。

考えましょう

【質問43】
あなたは、学習者に「日本へ来ておどろいたこと」という話題でスピーチをさせようと思っています。その内容に関するアイディアを引き出すために、クラスメイトどうしでどのような質問をさせあいますか。

スピーチの準備作業は、学習者のレベルとスピーチの目的や場面によっても変わってきます。その準備には、次の3つのタイプがあります。以下の①のようにスピーチ全部の原稿を書く場合には、まず、②のようなメモがあると書きやすくなります。

①スピーチ全部の原稿を書く。
②スピーチのアウトライン（構成やだいたいの内容）だけをメモ程度に書く。
③スピーチのアウトラインを頭の中で考える。

【質問44】
上記「①スピーチ全部の原稿を書く」スピーチと「③スピーチのアウトラインを頭の中で考える」スピーチの違いを考えてみましょう。

原稿を用意したスピーチは、内容、構成、使用表現に関してよく考える時間があるため、間違いも少なく、構成のしっかりした、わかりやすいスピーチになる可能性が高くなります。その一方で、原稿を読むだけになったり、暗記して話すだけになることも考えられ、聞き手の存在を無視したスピーチになる可能性があります。
反対に、頭の中だけで考えられたスピーチは、原稿を用意したスピーチに比べると、まとまりに欠け、間違いやフィラーが多いスピーチになる可能性がありますし、日本語に自信のない学習者には心理的な負担となります。しかし、聞き手の反応を確かめながらスピーチをする可能性は大きく、短い時間で考えをまとめて話したり、実際の場面で使えるスピーチ能力を育てるのに適しています。

原稿を書いた場合でも、実際話す時にはそのメモ程度のものを見て話すなど、できるだけ聞き手とのインターアクションを意識したスピーチをさせることが大切です。

【質問45】
スピーチ練習をする場合、どのように練習したらよいでしょうか。練習のアイディアを紹介しあいましょう。例）原稿をできるだけ見ないで練習する。

(2)-2 評価の方法

評価の内容は、スピーチ活動の目的とも関わってきますが、次のような項目が考えられます。

①スピーチの話題や内容：　おもしろかったか、知らない情報があったかなど
②構成面：　話の展開の仕方、進め方、論理性、始め方や終わり方など
③言語面：　文法的な正確さや表現の適切さ、発音など
④話し方：　声の大きさ、間の取り方、スピード、発音、なめらかさ、フィラーの適切な使用
⑤聞き手とのインターアクションの有無：　聞き手に質問をする、聞き手の反応を意識するなど
⑥スピーチでの表情や姿勢：　目線の合わせ方、立ち方など
⑦その他：　地図、グラフ、図、写真、ビデオなどの道具の助け

ふり返りましょう

【質問46】
あなたが行っているスピーチの授業では、上記のどの項目を評価していますか。また、あなたの授業では、だれが評価を行いますか。

評価する項目は、授業の目標に応じて選んで、学習者に前もって示しておくとよいでしょう。また、評価は、教師がするだけでなく、聞き手もうまく評価に参加させましょう。そうすることにより、聞き手もしっかりとスピーチを聞くようになります。そのときには、評価をする項目を評価シートにまとめて、配るといいでしょう。

評価シートには、以下のような記述式のものと、点数式のものがあります。

記述式の評価シート例

体験談スピーチ評価シート	発表者名：リンダ	評価者名：ワン
1）どんな話だったか 結婚式のスピーチを頼まれて、ちゃんと準備をしていったが、当日その原稿を忘れて、きんちょうして変な乾杯スピーチをしてしまった。		
2）話の一番面白かったところはどこか きんちょうして、震えて、ワイングラスのお酒が、こぼれてしまい、乾杯！といったときには、飲むワインがもう残っていなかったところ。		
3）話は分かりやすかったか 分かりやすかった。		
4）声の大きさ、話の速度や間の取り方は良かったか すべてよかった。		
5）その他 とても面白かった。なぜ原稿を忘れたのかをもっと知りたいと思った。フィラーが日本語のフィラーではなかった。		

点数式の評価シート例

内容と構成	①	「導入」「本論」「結論」の構成や流れがしっかりしていたか	
	②	「導入」では、テーマを選んだ理由を簡単に説明したか	
	③	「本論」では、調査の内容と結果をうまくまとめて伝えたか	
	④	「結論」では、本論をまとめた上で、自分の意見を述べられていたか	
	⑤	面白かったか	
発表の仕方	⑥	聞き手の顔や反応を見ながら発表ができていたか	
	⑦	声の大きさや話すスピードに気をつけながら話していたか	
	⑧	制限時間を守れたか	
	⑨	聞き手をまき込む（参加させる）発表の仕方だったか	
	⑩	使っている資料やツールは分かりやすく、使い方は効果的だったか	
合計	(1点：～ない、2点：あまり～ない、3点：大体～、4点：とても～)		/40

考えましょう

【質問47】
上の例のような記述式と点数式の評価シートのよい点と悪い点を考えてみましょう。

評価は、点数式と記述式をうまく組み合わせる方法もあります。また、このような評価シートを聞き手に書かせることによって、話の内容や話し方がわかりやすいものだったかや、聞き手がどのくらい聞き取れたかを確認することもできます。さらに、これらの他者による評価に加えて、スピーチを録音／録画し、自己評価させると、自分で自分の誤りや問題点に気づくことができ、学習者は次にスピーチをする時に気をつけるようになります。

(2)-3　スピーチ活動の流れと実際

ふり返りましょう

【質問48】
みなさんは、今までどのようなスピーチ活動を授業で行ったことがありますか。その授業の流れを書き出してみましょう。

　　　　スピーチのテーマ〔　　　　　　　　　〕
　　　　学習者のレベル〔　　　　　〕学習者の人数〔　　　人〕

活動の段階	活動内容	教具

考えましょう

【質問49】

私たちがスピーチをする場合、P.3で見たように、①言いたい内容を考える、②どのように言うかを考える、③実際に言うという3つのプロセスを経ます。【質問48】で書き出したあなたのスピーチの授業では、どのプロセスを特に大切にしているでしょうか。次の点をチェックして考えてみましょう。

　①スピーチの内容を学習者に考えさせていますか　（はい・いいえ）
　②学習者はスピーチの内容を自分で日本語にしましたか　（はい・いいえ）
　③スピーチ内容が決まった後、スピーチの口頭練習をしましたか

（はい・いいえ）

　発音の改善をすることだけを目的としたスピーチの授業の場合、①や②の作業は必ずしも必要ではありません。一方、自分の考えを言語的に正確な日本語でまとめることを主な目的とした場合、③のスピーチの口頭練習はそれほど重要ではなくなります。また、あるテーマについて短時間で考えをまとめて話せるようになることを目的とする場合は①〜③のプロセスを平等に大切にすることになります。

【質問50】

「①事前にスピーチ原稿を用意するスピーチ」と「②話題が与えられてその場で考えるスピーチ」では、授業の流れに違いがあります。①のスピーチをするための授業がどのような流れになるか下の（ア）〜（ク）の中から選んで、順番に並べてみましょう。[ ]内は、順番が変わってもいいものです。

$$(\quad) \rightarrow \begin{bmatrix} (\quad) \\ (\quad) \\ (\quad) \end{bmatrix} \rightarrow (\quad) \rightarrow (\quad) \rightarrow (\quad) \rightarrow (\quad)$$

（ア）フィードバック（内容面、言語面、構成面）
（イ）スピーチの話題に関する語彙や文法表現の導入、確認
（ウ）人の前でスピーチをする
（エ）動機付けと背景知識の活性化
（オ）スピーチモデルを示す

(カ) 話の構成や展開に関する表現の導入、確認
(キ) スピーチの内容に関する質疑応答
(ク) スピーチ原稿を書き、口頭練習をする

整理しましょう

　原稿を用意するスピーチとその場で考えるスピーチでは、以下のように授業の流れが違ってきます。スピーチの授業でどのような力を育成したいか、また、学習者のレベルによって、流れやスピーチの準備の仕方が変わってきます。

＜スピーチ原稿を用意する授業の流れの例＞

段階	教室活動を組み立てるためのチェック項目
①準備活動	□ スピーチの話題や場面や聞き手、話す時間をどうするか □ 動機付けや背景知識の活性化をするか、するならどうするか □ スピーチモデルを示すか、示す場合どのようなモデルをどのように示すか
②活動	□ 録音／録画をするか、しない場合どのように観察や記録をするか □ どのようにスピーチをさせるか（立って？座って？） □ 何人スピーチをするか（一度に全員？何回かに分けて？）
③まとめと評価	□ 聞き手にスピーチの内容に対する質問をさせたり、感想を言わせたりするか □ だれがどのように評価をするか、評価の観点は何か □ スピーチの中で不足していた表現や誤りを伝える方法は？

<その場で考えるスピーチの授業の流れの例>

段階	教室活動を組み立てるためのチェック項目
①準備活動	□ スピーチの話題や場面や聞き手、話す時間をどうするか □ 動機付けや背景知識の活性化をするか、するならどうするか
②活動	□ 録音／録画をするか、しない場合、どのように観察や記録をするか □ どのようにスピーチをさせるか（立って？座って？） □ 何人スピーチをするか（一度に全員？何回かに分けて？）
③評価	□ 聞き手にスピーチの内容に対する質問をさせたり、感想を言わせたりするか □ だれがどのように評価をするか、評価の観点は何か □ スピーチの中で不足していた表現や誤りを伝える方法は？
④活動2	□ ②のスピーチをもう一度発表させるか □ 録音／録画をするか、しない場合どのように観察や記録をするか □ だれの前で、どのようにスピーチをさせるか
⑤評価2	□ 聞き手にスピーチの内容に対する質問をさせたり、感想を言わせたりするか □ だれがどのように評価をするか、評価の観点は何か □ スピーチの中で不足していた表現や誤りを伝える方法は？

※ ④⑤は必要に応じて行います。

考えましょう

【質問51】

自分の教えている学習者のレベルを考えて、次のAかBの課題を選び、教案を書いてみましょう。自分の学習者が興味を持っている話題について書いてもいいです。

A: 私の宝物　　　　　B: 最近感動した映画／本

スピーチのテーマ〔　　　　　　　　　　〕
この活動の目標〔　　　　　　　　　　　　　　　　　　　〕
学習者のレベル〔　　　　　　〕学習者の人数〔　　　　人〕

活動の段階	活動内容	教具

スピーチ活動のまとめ

　スピーチ活動を通して育成できるコミュニケーション能力には、一定のまとまりをもった発話を開始、終了させたり、つなげ、展開させていく能力（談話能力）やフィラーを使って時間をかせぐことができる能力（ストラテジー能力）があります。談話能力に関わる表現は、スピーチ全体の中で働きを確認しながら導入しましょう。フィラーは、使いすぎには気をつけるよう指導します。
　スピーチ準備には、スピーチ全部の原稿を書くもの、メモ程度のアウトラインを書くもの、頭の中でアウトラインを考えるものがあります。どのような力を育成するかにより準備のタイプを選択しましょう。
　スピーチの評価には聞き手をうまく参加させる方法があり、評価シートには、点数式と記述式があります。話し手や聞き手に評価シートを渡すことにより、①評価のポイントに対する理解が深まる　②他の人のスピーチをしっかりと聞くようになる　③聞き手の聴解力や理解力も確認できるなどのメリットがあります。

2-4. ディスカッション

　ディスカッションとは、ある問題について、複数の人数で互いに情報や意見を交換することです。ディスカッション活動を通じてどのように話す力を伸ばせるかを整理してみましょう。

（1）ディスカッション活動の目的

ふり返りましょう

【質問 52】
日常生活の中で、どのようなときにディスカッションをするでしょうか。ふり返ってみましょう。

　人がディスカッションをするのは、会議のようなフォーマルな場面だけではありません。例えば、友人どうしで政治についての考えを述べ合ったり、読んだ本の感想を話し合ったり、家族で週末に何をするかを話し合って決めたりすることがあります。これもディスカッションです。このような活動を学習者が日本語で行えるようになるために、ディスカッション活動は効果的です。

やってみましょう

《例題 5》
「都会に住むのと、いなかに住むのとどちらがいいか」という話題で、インタビューをしてみましょう。次に、同じ話題でディスカッションをしてみましょう。

考えましょう

【質問 53】
《例題 5》で、ディスカッションはインタビューとどのような違いがあったでしょ

うか。コミュニケーション能力という観点から、ディスカッションでは特にどのような力が必要になると言えるでしょうか。

インタビューでは、「インタビュアー」と「インタビューに答える人」が決まっています。一方、ディスカッションでは複数の人が交互に話したり聞いたりします。そのため、自分が話す順番を取ったり、人に話す順番を与えたりするための談話能力が重要になります。また、相手に意見を効果的に伝えるための社会言語能力も大切です。相手を説得するためには、論理的な思考や幅広い知識も必要です。

考えましょう

ディスカッションをするために必要な力や知識にはどのようなものがあるかを整理してみましょう。

【質問54】

次のディスカッションのスクリプトを分析しましょう。①～⑭は次のア～エのどれにあたる発言か、（　）に記入しましょう。

ア．議論の流れを管理する　イ．自分の意見を伝える（賛成、反対、提案など）
ウ．相手の発言の意味を確認する　エ．発言の順番を取ったり渡したりする

中川：①ぼくたちの町では、最近、ごみがふえて、こまっているそうです。それで、どうしたら、ごみをへらすことができるか、今日は、みんなで考えたいと思います。（　）　②みなさん、なにか意見がありますか。（　）
山本：③はい、議長。（　）
中川：④はい、山本さん。（　）
山本：⑤自分の家で処理できるごみは、できるだけ家で処理をしたらいいと思います。（　）
中川：⑥なるほど、山本さんの意見についてどう思いますか。（　）
田中：⑦とてもいいと思いますが、わたしは反対です。（　）　今は、庭のある家に住んでいる人が少ないので、ごみを燃やしたり、埋めたりする場所

　　　　がありません。…
本田：⑧ぼくもそう思います。それより、ごみをできるだけ、少なくするほう
　　　が大切だと思います。（　）
中川：⑨ほかの人、どう思いますか。（　）
青木：⑩本田君の意見に賛成です。（　）⑪みんなでいいリサイクルの方法を
　　　考えたらどうでしょうか。（　）
中川：⑫では、みんなでリサイクルについて考えてみましょう。（　）外国で
　　　はどうでしょうか。⑬ジョン君、アメリカではどうやっていますか。（　）
ジョン：アメリカでは、よく、ガレージセールをやります。
中川：⑭ガレージセール？　ジョン君、ガレージセールって何ですか。（　）
ジョン：あ、ガレージセールは、古くなって使っていないものなどを自分のう
　　　ちのガレージや庭で安く売るということです。

コーベニ・澤子ほか『モジュールで学ぶよくわかる日本語③』（pp.102-103）（アルク）を
一部改変して利用

　ディスカッションを分析すると、話の流れを作ったり、発言の順番を取るなどの談話能力、相手に効果的に意見を伝える社会言語能力、うまく理解できなかったときに聞き返したり、発言の調整を求めたりするといったストラテジー能力が必要なことがよくわかります。

【質問55】
司会がいないディスカッションに参加するには、自分で発言の順番を取ったり相手に渡したりする談話能力が必要になります。【質問54】で見たもののほかにはどのような表現や方法があるか、身近にある教材や日本人の会話を分析してみましょう。

【質問56】
【質問54】のディスカッション例の⑦は、「とてもいいと思いますが」のような前置きを言ってから反対しています。

①このような表現には、どのような役割があるでしょうか。
②同じような役割を果たす表現には、他にどのようなものがあるでしょうか。身近な教材や、日本語でのディスカッションを実際に観察してみましょう。

【質問57】

ディスカッションで必要になる語彙、話し合いに使う表現、ストラテジーなどをどのように授業で導入、練習しますか。

(2) ディスカッション活動の方法
(2)-1 活動の設定の仕方

考えましょう

【質問58】

ディスカッション活動を行う場合、初級と中級以上のレベルでは、下のどの話題が合っているでしょうか。

①友人へのプレゼントを話し合って決める
②小学校での英語教育に賛成か反対かを話し合う
③パーティーや旅行の計画を立てる
④少子化問題の解決方法について話し合う

【質問59】

次の活動例（1）と（2）を比べてください。活動の目的や内容はどう違いますか。

活動例（1）
先生へのプレゼントとして、どのようなものがいいと考えますか。グループで話し合ってアイデアを出してください。

活動例（2）
お世話になっている先生にバレンタインデーにプレゼントをさしあげることになりました。3～4人のグループで話し合ってプレゼントを決めてください。

1) どの先生にプレゼントをさしあげるかグループで決めてください。次に予算を決めてください。
2) 次のことについて、それぞれ担当者を決めて調べたり考えたりして、情報を持ち寄ってください。
   ・先生のしゅみや好み、欲しがっているもの
   ・予算に合った品物（インターネットやデパートのパンフレットの利用、実際にお店を見るなど）
3) グループでプレゼントを決めて、発表してください。

　活動例（2）は活動例（1）と比べ、「バレンタインデーに贈り物をする」という具体的な目的があり、何のために話し合うのかがはっきりしています。また、贈る相手や予算を自分たちで決めたり、各項目について分担して調べれば互いに情報差があるので、一部の参加者だけが話したり、決定権を持ったりすることはありません。
　日本語の授業でディスカッション活動行う場合には、活動例（2）のように目的と活動のステップをはっきりさせた方が、学習者が発話しやすくなります。ディスカッションにあまり慣れていない学習者や初級レベルの学習者には、活動例（2）のような目的がはっきりとしたディスカッション活動を行うとよいでしょう。

【質問60】

ディスカッション活動をするときに起こる、次のような問題をどう解決したらいいでしょうか。

①学習者が日本語ではなく、母語で話してしまう。
②話す人が決まってしまう。よく話せる人ばかりが発言し、話せない人がだまっていることがある。
③クラスの人数が多いので、ディスカッション活動をするのが難しい。

(2)-2　評価の方法

👤 考えましょう

　ディスカッション活動の評価の観点について考えましょう。評価の方法については、インタビューとスピーチ（P.33とP.47）を参照してください。

【質問61】

①ディスカッション活動を評価するためのシートを作ってみましょう。ディスカッション活動のどのような点について評価しますか。

②評価シートを、ディスカッション活動をする前に学習者に渡す場合と、ディスカッション活動の後で渡す場合とでは、どのような違いがあるでしょうか。

(2)-3　ディスカッション活動の流れと実際

👤 ふり返りましょう

【質問62】

みなさんは、今までどのようなディスカッション活動を授業でしたことがありますか。その授業の流れを書き出してみましょう。

　　ディスカッションのテーマ〔　　　　　　　〕
　　学習者のレベル〔　　　　　　〕学習者の人数〔　　　　　人　〕

段階	内容	教具

考えましょう

【質問63】
ディスカッション活動の前の動機付けにはどのような方法があるでしょうか。【質問59】活動例（2）をする時の方法を考えてみましょう。

【質問64】
市販の教材で、ディスカッション活動を取り入れているものを探し、ディスカッション活動の前後にどのような活動を行うようになっているか調べてみましょう。
教材例）『文化中級日本語Ⅱ』（凡人社）第8課の活動「村おこし住民集会」（pp.218-224）

整理しましょう

＜ディスカッション活動の流れの例＞

段階	活動を組み立てるためのチェック項目
①準備活動	□ 話題をどう決めるか □ 動機付けをどのようにするか □ 必要な表現の練習をどのようにするか □ 話題に関する知識をどのように得るか □ 評価の観点はだれがどのように決めるか □ 評価の観点（評価シート）をいつ示すか □ 人数や司会や記録などをどのように決めるか
②活動	□ ディスカッションを録音／録画するか □ どのようにディスカッションさせるか
③まとめ	□ ディスカッションの結果を報告させるか □ 報告させる場合どのようにするか □ 評価はだれがどのように行うか

考えましょう

【質問65】
自分の学習者が興味のあるトピックを選んで、ディスカッション活動をとり入れた授業の計画を立ててください。

ディスカッションのテーマ〔　　　　　　　　〕
この活動の目的〔　　　　　　　　　〕
学習者のレベル〔　　　　　　　〕学習者の人数〔　　　　人　〕

段階	活動内容	教具

ディスカッションのまとめ

　ディスカッション活動では、レベルに応じてトピックを選び、グループの人数を調整する必要があります。特に発言の順番を取ったり、効果的に自分の意見を伝えたりする談話能力や、互いに発言を理解しあうためのストラテジー能力を練習に取り入れることが大切です。また評価では内容や表現に加えて、協力的に参加したかどうかを評価する観点も入れましょう。

2-5. ロールプレイ

　決められた状況や場面で、学習者がある役割になって、自分で表現を選んでコミュニケーションする練習をロールプレイと呼びます。「インタビュー」「スピーチ」「ディスカッション」もロールプレイの形で授業に取り入れることができます。

(1) ロールプレイの目的

ふり返りましょう

【質問66】
今までロールプレイをしたことがありますか。どんな場面や役割でしたか。

やってみましょう

《例題6》
デートにさそう場面のロールプレイをしてみましょう。

① あなたはデートをしたことがありますか。楽しかったデートでは、どんなところへ行きましたか。デートをするなら何をしたいですか。

② A、Bそれぞれの役割と状況が書かれたロールカードを見てください。ペアになって会話をしてみましょう。

ロールカードA　役割：学生	ロールカードB　役割：学生
☆友達のBさんをテニスにさそってください。	☆友達のAさんのさそいを受けてください。
☆日時や会う場所などを相談して決めてください。	☆日時や会う場所などを相談して決めてください。

国際交流基金『日本語教育通信』第19号　「授業のヒント」（1994年5月）より
https://www.jpf.go.jp/j/project/japanese/teach/tsushin/hint/backnumber.html

考えましょう

【質問67】
ロールプレイで育成できるコミュニケーション能力にはどのようなものがあるでしょうか。「インタビュー」「スピーチ」「ディスカッション」に比べて特にロールプレイで取り上げやすいものは何でしょうか。

　ロールプレイを通して、全てのコミュニケーション能力を育成することが可能ですが、特に自分の役割と状況に応じて会話を始め、相手とやり取りし、会話を終えるために必要な談話能力を育成する練習ができます。
　話す相手や場面に合わせてコミュニケーションのとり方を調整するという社会言語能力をやしなう練習も特に行いやすいと言えるでしょう。

やってみましょう

　話の仕方や表現は、話している相手との関係によって変わります。また、表情や動作などの非言語行動にも気を配ります。ロールプレイでは、このような社会言語能力について学習者に気付かせることが重要です。

《例題7》
「ホームパーティーにさそわれていたが、急にデートの約束が入ってしまった。デートに行きたいので、パーティーに行くのを断りたい」という状況で日本語で話す場合、
　①断るときに、どのようなことに気をつけて話しますか。
　②先生に対する場合と、友人に対する場合ではどういうところが違いますか。
　③日本語で話す場合と母語で話す場合にはどのような違いがありますか。ジェスチャーや目線など、ことば以外の部分にも違いがありますか。

《例題7》で考えた①～③の言語行動を学習者に気付かせるにはどうしたらよいでしょうか。役割や人間関係が異なるロールプレイを行い、言語行動の違いを話し合ったり、実際の会話を観察したりするとよいでしょう。また日本語での会話を映像で観察して、母語との違いを話し合うのもよいでしょう。

(2) ロールプレイの方法
(2)-1 活動の設定の仕方

考えましょう

【質問68】
あなたの学習者に「人と約束をする」というロールプレイをさせる場合、(ア)(イ)のどちらの設定を選びますか。それはなぜですか。
　(ア) 同僚と仕事の後に食事をする約束をする
　(イ) 友達と休みの日に映画を見る約束をする

　もしも学習者が高校生だったら、どのような設定の会話が現実的でしょうか。人は、自分に関係があることや自分の興味があることの方が話したいという気持ちが強くなります。また練習する必要性も高まります。教師は、学習者にとって現実的な場面、興味がある話題を準備して授業に取り入れることが大切です。

【質問69】
初級、中級、上級それぞれのレベルには、次の①～③のうちどの課題が合っているでしょうか。
　①かぜをひいたので、病院に行って医者の簡単な質問に答える。
　②上司はかぜをひいて体調が悪そうだが、明日の大事な会議のために残業をしている。上司の気分を悪くしないようにうまくアドバイスする。
　③かぜをひいたが、明日は重要な会議があるので、医者にくわしく自分の病状を説明し、注射をうってもらう。

> <ヒント>
>
> P.13の表1とP.16の図2を参考に考えましょう。

　ロールカードは下記のような教科書にのっています。自分の学習者に合わせたロールカードを教師が自分で作ることもできます。

ボイクマン総子ほか (2006)『聞いて覚える話し方日本語生中継　初〜中級編』くろしお出版

椙本総子ほか (2004)『聞いて覚える話し方日本語生中継　中〜上級編』くろしお出版

中居順子ほか (2005)『会話に挑戦！中級前期からの日本語ロールプレイ』スリーエーネットワーク

山内博之 (2000)『ロールプレイで学ぶ中級から上級への日本語会話』アルク

日本語教授法研究会編 (1987)『ロールプレイで学ぶ会話（1）』凡人社

バルダン田中幸子ほか (1989)『コミュニケーション重視の学習活動2　ロールプレイとシミュレーション』凡人社

【質問70】

教科書のモデル会話を利用してロールカードを作ってみましょう。その前に会話の流れを分析してみましょう。

①下のモデル会話では、小川さんはどのような目的でミラーさんに話しかけましたか。

②（ア）〜（キ）は、（1）〜（7）のどれにあてはまりますか。

（1）お願いの内容を話す　（2）あやまる　（3）話を終える
（4）断る理由を話す　（5）話し始める　（6）再度お願いする　（7）断る

小川幸子：ミラーさん、ちょっとお願いがあるんですが。　┐
ミラー：何ですか。　　　　　　　　　　　　　　　　　　┘（ア）

小川幸子：今、友達と英語を勉強しているんですが、なかなか上手にならないんです。ミラーさん、会話の先生になっていただけませんか。（イ）

ミラー：え？先生に？　うーん、ちょっと仕事が……。（ウ）

小川幸子：お暇なとき、お茶でも飲みながら……。（エ）

ミラー：うーん、出張も多いし、もうすぐ日本語の試験もあるし……。（オ）

> 小川幸子：そうですか。（カ）
>
> ミラー：すみません。（キ）
>
> 『みんなの日本語初級Ⅱ 第2版』(p.19)（スリーエーネットワーク）を一部改変して利用

　学習者はロールプレイを通して、【質問70】で考えたような会話の流れを自分で作る練習をすることになります。

【質問71】

初級の学習者のために、【質問70】のモデル会話のような流れの会話になるロールカードを作りましょう。ロールカードAにならってロールカードBを完成してください。

```
ロールカードA

役割：外国人研修生のホストマ
　　　ザー

話す相手：外国人研修生

話す内容：中学生の息子が夏休
　　　　　みにホームステイに
　　　　　行くので、英語を教
　　　　　えてほしいと頼む。
```

```
ロールカードB

役割：＿＿＿＿＿＿＿＿＿＿
　　　＿＿＿＿＿＿＿＿＿＿

話す相手：＿＿＿＿＿＿＿＿

話す内容：＿＿＿＿＿＿＿＿
　　　　　＿＿＿＿＿＿＿＿
　　　　　＿＿＿＿＿＿＿＿
　　　　　＿＿＿＿＿＿＿＿
```

　学習者が何をしたらいいのかがよく分かるように書けましたか。ロールカードにはいろいろな書き方があります。以下の例を見てみましょう。

【質問72】

ロールカードの作り方で何が変わるでしょうか。
　①タイプA～Cのロールカードは何が違いますか。気がついたことをあげてください。

タイプＡ：会話の一部分が示されている。学習者は下線部分を自分で補いながら話す

```
Ａ：あのー、Ｂさん。
Ｂ：ああ、Ａさん。
Ａ：あのー、明日＿＿＿＿＿＿＿＿＿＿＿＿＿＿＿＿＿＿＿＿
Ｂ：えっ、明日ですか？
Ａ：ええ、実は＿＿＿＿＿＿＿＿＿＿＿＿＿＿＿＿＿＿＿＿＿
Ｂ：ああ、そうなんですか。あのー、実は＿＿＿＿＿＿＿＿＿
Ａ：ああ、そうですか。＿＿＿＿＿＿＿＿＿＿＿＿＿＿＿＿＿
Ｂ：＿＿＿＿＿＿＿＿＿＿＿＿＿＿＿＿＿＿＿＿＿＿＿＿＿＿
```

タイプＢ：次に何を行うべきかが順番に示されている

```
ロールカードＡ　役割：学生
①友達のＢさんに話しかける。
③Ｂさんをテニスにさそう。
⑤Ｂさんとの会話を終える。
```

```
ロールカードＢ　役割：学生
②友達のＡさんに話しかけられる。
④Ａさんには興味が無いので、失礼にならないように、さそわれても断る。
⑥Ａさんとの会話を終える。
```

タイプＣ：役割や状況、目的が書いてある

```
Ａ　役割：学生
☆友達のＢさんをテニスにさそってください。
☆日時や会う場所などを相談して決めてください。
```

```
Ｂ　役割：学生
☆友達のＡさんのさそいを断ってください。
☆理由を言って失礼にならないように断ってください。
```

②それぞれのカードの指示にしたがってロールプレイをした場合、コミュニケーションの要素（情報差、選択権、反応）(P.6参照) があるかどうか分析してください。

	情報差	選択権		反応
		表現の選択	談話の進め方	
タイプA				
タイプB				
タイプC				

③ロールカードにロールプレイで使うべき表現を記入した場合、3つの要素にどのような変化がおこりますか。

このようにロールカードの作り方によって活動の自由度が高くなったり低くなったりします。また、「インタビュー」「スピーチ」「ディスカッション」をロールプレイという形式で行う場合にもロールカードを使って行うことができます。

スピーチのロールカード例

役割：留学生会館に住んでいる留学生
状況：新しく会館にやってきたばかりの留学生を迎えるパーティー
すること：先ぱい留学生として、迎えるスピーチをしてください。
　　　　　会館での生活を楽しくするためのアドバイスも述べてください。

【質問73】

ロールプレイを設定する際にはさまざまな問題が出てきます。次のような問題をどう解決するか考えてみましょう。

①役割が違うカードを持った学習者がカードを見せ合ってしまう。
②クラス全員が同じロールカードを使うと学習者があきてしまう。
③学習者のレベルがばらばらである。
④ロールプレイの発表をいやがる学習者がいる。
⑤人数が多いので全員にロールプレイの発表をさせると時間がかかってしまう。
⑥ロールカードを日本語で書くのは難しいし、学習者が読めない場合がある。
⑦ロールカードを作るのに時間がかかる。忙しくて作る時間がない。

【質問74】

ロールプレイを楽しく効果的なものにするために、どのような道具を使いますか。【質問69】①のロールプレイではどのような道具を使うか考えてみましょう。

【質問75】

《例題6》では友達をテニスにさそうという練習をしましたが、自分の力でコミュニケーションができるようになるためには、学習者が本当にしたいことや関心がある内容で相手をさそう会話を練習させる必要があります。どうしたらいいでしょうか。

(2)-2　評価の方法

考えましょう

【質問76】
ロールプレイをどのような点から評価しますか。また、どのような方法で評価しますか。

　評価するときは、ロールプレイの課題を達成できたかどうかをまず判断します。そして、さらに目的に合わせて次のような点を加えて評価することができます。

- 表現を正確になめらかに使えたか（文法能力）
- 会話の流れを自分で作ることができたか（談話能力）
- コミュニケーションがうまくいかなくなったときの対応の仕方（ストラテジー能力）
- 表情や体の動きなどの非言語行動、相手や状況に合わせた話し方（社会言語能力）

　ロールプレイの前に評価シートを配れば、学習者は評価内容を確認した上でロールプレイを行うことができます。つまり、どのような点に気をつけて話をすればいいのか、意識して課題に取り組むことができるのです。また、採点は教師だけでなく学習者どうしですれば学習者自身にロールプレイを評価する力がつき、自分達の活動をふり返ることができるようになります。録音や録画をしてもよいでしょう。

【質問77】
人数が20人以上で多い場合はどのように評価したらよいでしょうか。

(2)-3 ロールプレイの流れと実際

ふり返りましょう

【質問78】
みなさんは、今までロールプレイを授業でしたことがありますか。その授業の流れを書き出してみましょう。

ロールプレイの設定（場面、役割、目的、機能など）

学習者のレベル〔　　　　　　　　〕学習者の人数〔　　　　人　〕

段階	内容	教具

考えましょう

【質問79】
《例題6》では、①でロールプレイに関係ある話題について考えたり、思い出したりしました。このような作業にどのような効果があると思いますか。

【質問80】

下の授業例（1）と授業例（2）は「友達をさそったり、さそいを断ったりする」ロールプレイを取り入れたものです。2つは授業の流れが違います。それぞれ、どのようなレベルの学習者に適しているでしょうか。また、それぞれにはどのような長所があるでしょうか。

授業例（1）

①表現の確認と練習

さそうときには「Vませんか」、断るとき「～はちょっと…」などの表現を使うことを説明、練習する。

②モデル会話を使った練習

友達をさそう、さそいを断るという場面のモデル会話を何度も読み、覚えて言う練習をする。

③ロールプレイ

「友達をさそったり、さそいを断ったりする」という状況のロールプレイをする。

授業例（2）

①ロールプレイ

「友達をさそったり、さそいを断ったりする」という状況のロールプレイを自分が持っている力でする。

②表現の確認と練習

さそうときや断る時に使う表現など、①で十分にできなかったものの説明や練習をする。

③ロールプレイ

さそう、断るという状況や役割でロールプレイをする。

　授業例（1）では、学習者はロールプレイで使う表現を練習し、その表現を使えばロールプレイができることがわかっています。文を作ることが難しいレベルの学習者には、この方法が適しているといえます。また授業の中で学習者が使う表現を限定しているので、教師にとって予想外の反応を学習者がすることが少なくなるかもしれません。授業例（2）では、まず学習者が自分の持っている力でロールプレイをしているので、現実のコミュニケーションに近いと言えます。そして、学習者のできることとできないことをはっきりさせることができます。教室ではうまくいかなかった部分を中心に表現や文型を練習するので効率よく学習ができます。初級前半の学習者には難しいかもしれませんが、初級後半からの学習者には授業例（2）のような流れを使うことができます。

【質問81】

授業例（1）のように先に表現やモデル会話を練習してからロールプレイをする場合でも、使うべき表現を学習者が自分で発見できるようにすることは大切です。そのためにはどのような方法がありますか。

【質問82】

ロールプレイをとりいれた授業の流れを考えてみましょう。初級前半の学習者の場合、どんな順番でしますか。（ア）〜（カ）を並べ替えてみましょう。

（　）→（　）→（　）→（　）→（　）→（　）

(ア) 生徒どうしで自由に場面・状況を設定して、会話をしてみる。
(イ) モデル会話の練習をする。
(ウ) 会話練習に必要な語彙、表現を思い出したり、新しく導入したりする。
(エ) 何組かが前にでて、実際にロールプレイをやってみる。
(オ) ロールプレイでの表現が適切だったかどうか、みんなでふり返る。必要ならば教師から誤りを直したり、アドバイス、表現の確認をする。
(カ) ペアでロールプレイをする。

整理しましょう（　　　；２つの授業の例の違うところ）

＜先に表現の説明や練習をする授業の例＞

段階	教室活動を組み立てるためのチェック項目
①準備活動	□ 場面や目的をどう決めるか □ 動機付けや背景知識の活性化をどのようにするか □ モデル会話を示すか、示す場合どのような会話をどのように示すか □ 必要な表現の提示や練習をどのようにするか
②活動	□ どのようなロールカードを配るか □ どのように観察や記録をするか □ ロールプレイをどのように発表させるか
③評価	□ 感想についての話し合いをどう行うか □ ロールプレイの中で必要になった表現の確認をどうするか、復習する方法は？ □ 評価の観点は何か、だれがどのように決めるか □ 評価の観点（評価シート）をいつ示すか □ 発表した会話を書いて出させるか
④活動2	□ ②の状況や場面、役割などをどう変えるか □ どのようなロールカードを配るか □ どのように観察や記録をするか □ ロールプレイをどのように発表させるか
⑤評価2	□ 感想についての話し合いをどう行うか □ ロールプレイの中で必要になった表現を確認、復習する方法は？ □ 発表した会話を書いて出させるか

※ ④⑤は必要に応じて行います。

＜先に表現の説明や練習をしない授業の例＞

段階	教室活動を組み立てるためのチェック項目
①準備活動	□ 場面や目的をどう決めるか □ 動機付けや背景知識の活性化をどのようにするか
②活動	□ どのようなロールカードを配るか □ どのように観察や記録をするか □ ロールプレイをどのように発表させるか
③評価	□ 感想についての話し合いをどう行うか □ ロールプレイの中でうまくいかなかったところに必要な表現や語を導入、確認、練習する方法は？ □ 評価の観点は何か、だれがどのように決めるか □ 評価の観点（評価シート）をいつ示すか □ 発表した会話を書いて出させるか
④活動2	□ ②の活動の状況や場面、役割などをどう変えるか □ どのようなロールカードを配るか □ どのように観察や記録をするか □ ロールプレイをどのように発表させるか
⑤評価2	□ 感想についての話し合いをどう行うか □ ロールプレイの中で必要になった表現を確認、復習する方法は？ □ 発表した会話を書いて出させるか

【質問 83】

【質問 71】で作ったロールカードを利用した授業の流れを考えてください。先に表現の説明や練習をする場合としない場合の両方を考えてみましょう。

ロールプレイの設定（場面、役割、目的、機能など）

学習者のレベル〔　　　　　　　　　〕学習者の人数〔　　　　　人　〕

段階	内容	教具

📓 ロールプレイのまとめ

　学習者のレベルやクラスの人数などに合わせて、「課題」「ロールカードの書き方」「活動の方法と流れ」を考えることが必要です。ロールプレイは特に社会言語能力に関する練習に適した活動なので、評価にも社会言語能力に関することを取り入れましょう。

《この巻で学んだことをふり返ってみましょう》

　このテキストでは、1章で、話すとは、そしてコミュニケーションとは何なのか、また、話せるために必要な能力とは何なのかを確認しました。
　2章以下では、「インタビュー」「スピーチ」「ディスカッション」「ロールプレイ」の4つの教室活動を取り上げ、これらの活動を通じて、どのように話す力を育成できるのかをコミュニケーション能力(主に「社会言語能力」「談話能力」「ストラテジー能力」)の観点から見てみました。また、具体的にこれらの教室活動を目的、方法、授業の流れの点から考え、整理しました。
　みなさんのこれからの会話の授業では、学習者に今、どのようなコミュニケーション能力が必要で、その育成にはどの活動が適しているのかを意識して、活動を選択してほしいというのが、私たちのねがいです。

《解答・解説編》

1 「話すこと」とは

1-1. 話すとは

■【質問1】（解説）　図1参照　　Levelt (1989) 参照

■【質問2】（解答・解説）
　練習（1）　この練習は、口ならしのための文型練習です。

■【質問3】（解説）
　練習（3）のタイプが多ければプロセスの②や③を含んでいます。

■【質問4】（略）　本文解説参照

■【質問5】（解答・解説）
　情報差があるのは、練習（2）と（3）。
　練習（1）は、教師も学習者も同じ教室にいて、目の前に見えるもの、つまり答えを知っていることを聞いているので、情報差はありません。練習（2）では、学習者個人の部屋の様子を聞いており、お互いの部屋を知らない場合は、情報差があります。このように、個人的な質問をすると、話し手どうしがもともと持っている情報の差を利用した会話となります。（3）は、教室の中に人工的に情報差を作り出す方法です。絵や文字シートを使って、異なる情報を学習者に渡すことで、情報差が生まれます。
　この文型のほかにも、異なる地図を見てお互いに道をたずねる、異なる予定表を使って約束をするなど、いろいろな工夫で人工的な情報差を作り出すことができます。

■【質問6】（略）　本文解説参照

■【質問7】（解説）
　まず学習者がたくさん日本語を口に出して練習する機会があるかどうかを確認しましょう（①）。そして、練習で学習者が口にする発話が、話し手の中で起こるプロセス（②）、

および、話し手と聞き手のコミュニケーションの要素の面（③〜⑥）から考えて、現実のコミュニケーションに近いかどうか、発話の「質」を考える必要があります。【質問7】で、「はい」の答えが多かった人は、現実のコミュニケーションに近い形で、学習者にたくさん話をさせる授業をしていると言えます。

1-2. 話す力とは

■【質問8】（略）

■【質問9】（解答・解説）

　　会話例（1）：I (Intermediate)　　会話例（2）：A (Advanced)　　会話例（3）：N (Novice)

　3つの会話例は、いずれも説明のタスクですが、話題が異なります。会話例（3）（Novice）や会話例（1）（Intermediate）では、部屋や趣味の説明など、日常的な活動や、身近で具体的な話題が質問され、会話例（2）（Advanced）では、目前にない、テレビ番組の説明が求められています。

　会話例（1）では、後半のゲームの説明になると、うまく答えられなくなっており、Advancedで求められる「目前にないことを説明する」（表1参照）能力はないと判断されます。会話例（2）は、話の内容にまとまりのある的確な表現ができており、上級と判断することができます。会話例（3）は、文レベルで話が続けられず、Noviceの特徴が表れています。

　この会話例がのっている、『ACTFL－OPI入門』（牧野成一ほか（2001）アルク）には、ＣＤが付いていますので、実際の会話例を聞くことができます。

　　会話例（1）：トラック17　　会話例（2）：トラック9　　会話例（3）：トラック26

■【質問10】（解答）

　（1）：I　（2）：S　　（3）：I　　（4）I　　（5）A
　（6）：S　（7）A

■【質問11】（解答）

　具体例で考えないとレベル判定はできませんが、総合的に判断してタスクができたという場合は、文法の間違いがあってもタスクができたという点のほうを大切に考えます。
　本文解説参照

【質問12】（略）

【質問13】（略）　本文解説参照

【質問14】（略）　本文解説参照

【質問15】（解説）
　借りるお金の金額や借りる理由、友人がどの程度親しいのかなどにもよりますが、話の展開はいろいろあります。
　①天気や近況報告などの前置き
　②自分が今お金に困っていることの説明
　③お金を貸してもらいたいと思っていることの表明
　④感謝の気持ちの表明　お金を返す話

　国際交流基金日本語国際センターで、いろいろな国から来た研修参加者に、母語でお金を借りるときの会話の流れを聞いたところ、③から始まる人と②から始まる人と①から始まる人に分かれました。このことからも、お金を借りるという用件の前に、何か前置きの会話をするかどうか、自分の状況をくわしく説明した上でお金を借りる依頼をするのかなどの話の展開は、社会や文化によって異なることがわかります。

【質問16】（解答例）
　①ほかの表現に言い換える。その単語の特徴や要素を説明する。母語を使用する。その話をやめる。
　②聞き手に、直接「もう一度言ってください」と言ったり、ジェスチャーでわからないことを伝えたり、発話の一部をくりかえして、話し手に補足することをうながしたりするなどして、助けを求める。
　③違う表現で言い換える。補足説明を加える。ジェスチャーを補って伝える。

【質問17】（解説）
　どんな能力に注目して計画をたてていたか、まわりの人と情報交換してみましょう。また、これまで4つのコミュニケーション能力にあまり注目していなかった人は、この本の「**2** 話す力を育てるには」を読んで、実際の授業でためしてみましょう。

❷ 話す力を育てるには

2-1. 自分の授業をふり返る

■【質問 18】（解説）

　まわりに相談する人がいない場合、インターネットなどを利用する方法もあります。例えば国際交流基金日本語国際センターの「みんなの教材サイト」も一度利用の登録をすれば、いろいろな情報を得ることができます。

　　　みんなの教材サイト：https://www.kyozai.jpf.go.jp/

2-2. インタビュー

■【質問 19】（略）　本文解説参照

■【質問 20】（略）　本文解説参照

■《例題 1》（解答）
　①目的：コミュニケーション上の目的ははっきりしていない。語学学習のための文型練習という目的はある。

　情報差：あり

　選択権：インタビュアーには内容選択も、表現選択もない

　反応：あり

　②現実にはあまりない

■【質問 21】（解答・解説）
　① A
　②本文解説参照

■【質問 22】（略）

■【質問 23】（解答例）
　練習する表現例：あのう、すみません、～について聞きたいんですが（開始部）、
　　　　　　　　ありがとうございました（終了部）、では／じゃあ（次の質問へ移る時）、
　　　　　　　　そうですか／ええ／はい（あいづち）

表現例の示し方：

主な方法は以下の通り。

・インタビューの前に、どういう風にインタビューを開始し、終了させるか、また、どのように次の質問に移るかなどを聞き、知らない場合、導入する。

・インタビューのモデル会話を示し、開始部、終了部、次の質問に移る所などに注目させ、印をつけさせる。そして、そのタイミングや表現を分析させる。

・インタビューのモデル会話で注目させる所を（　　　）にしておき、まず、学習者に（　　）の中を考えさせてから、聞き取らせる。

・自分のインタビューを録音させ、それを聞き直す際に、開始部、終了部、次の質問に移る所などに注目させて、次回のインタビューにつなげる。

・インタビューのモデル会話を聞かせ、あいづちに気づかせる。具体的には、インタビューのモデル会話を聞かせるときに、あいづちの部分を抜いたスクリプトを渡し、あいづちのはいっている所に印をつけさせるようにする。あいづちの種類やタイミングを理解させることができる。

練習方法：

・インタビュアーの部分だけ音を消したテープを使って、その部分を言わせる役割練習。

・モデル会話をペアで役割練習する。

【質問24】（解答例・解説）

談話能力に関わる表現例には次のようなものがあります。中級以上ではフォーマル、インフォーマル両方の場合について考えましょう。

		フォーマル	インフォーマル
インタビューの開始		あのう、お忙しいところすみませんが、ちょっとお伺いしたいことがあるんですが、今よろしいでしょうか	ねえ、今ちょっといい？／ねえ、ちょっと聞きたいことあるんだけど、いい？
インタビューの終了		では、そろそろ／今日は、お忙しい中、インタビューに答えていただいて本当にありがとうございました	じゃあ、そろそろ／どうもありがとう
質問への移行		早速ですが／実は／では、次に／最後に／話は変わりますが	実はね／じゃあ／話は変わるけど
あいづち*	うながし型	はい／ええ	うん
	同意型	そうですね／その通りですね	そうだよね／その通り

あいづち*	理解納得型	そういうわけですか／そうなんですか	なるほど、そういうわけか／そうなのか、そうか
	おどろき型	えー、ほんとですか？／そうなんですか？／そうですか	えー、ほんと？／そうなの？／へえー

＊うながし型は、相手の話を聞いているということを主に示すとともに、相手に話を続けるよう、うながす働きを持つ。同意型は、相手の言うことに同感である、同意することを表す。理解納得型は、今まで知らなかったことや理解できなかったことが分かったことを表す。おどろき型は、相手の言ったことにおどろいたり、信じられないという気持ちを表す。

練習する表現の示し方と練習方法は、【質問23】の解答例を参照のこと。

【質問25】（解答例）

ストラテジー例：
①初級レベル：分からない単語を上昇調でくり返す。よく分からないという表情をする、もう一度くり返すよう頼む。ゆっくり話してほしいという。相手の分かる外国語で意味を確認する、など。
②中級以上のレベル：「それは、～ということですか」「～ってなんですか」「どういうことですか」「～という点についてもっとくわしく説明していただけませんか」「例えば／具体的には、どういうことでしょうか」などの表現を使って確認する。

練習するストラテジーを示す方法例：
・インタビューの前に、相手の言うことが分からなかったりしたときにどうするかを聞き、知らない場合、導入する。
・インタビューの仕方のモデルを示し、ストラテジーが用いられている所に注目させ、印をつけさせる。
・インタビューのモデル会話で注目させる所を（　　　）にしておき、まず学習者に（　　　）の中を考えさせてから、聞き取らせる。
・自分のインタビューを録音させ、それを聞き直す際に、どういえばよいかを導入する。

練習方法例：
・インタビュアーの部分だけ音を消したテープを使って、その部分を言わせる役割練習。
・モデル会話を使って、ペアになって役割練習する。

【質問26】（解答例・解説）

日本に関する経験の多い人を選ぶというコンテストの場面を設定し、最も日本経験の多い人に賞状を渡すなどの活動にすることにより、コミュニケーション上の目的がはっきりする。質問項目を学習者に考えさせたり、自由に質問してもよい項目を設けることにより、内容や表現形式に関する選択権が生じる。

【質問27】（解答例・解説）

- インタビューで、何を聞かなければいけないのかが、わかりやすくなる。
- インタビューしなければならない質問項目を全て忘れずにインタビューできる。
- インタビューの進み具合を教師がチェックできる。
- インタビュー報告の時、インタビューした内容を確認しながら報告できる。

（シートを用意する代わりに、学習者のノートにインタビュー結果を書かせてもよい。）

《例題2》（略）　本文解説参照

【質問28】（解答例）

①話題は、より抽象的で複雑な社会問題などになる。話題、質問内容ともに学習者が決定してもよい。

②話題に応じて学習者がインタビュー相手を決定してもよい。

③学習者がインタビュー相手と相談して決定してもよい。

④教師は助けを求められた際に、必要に応じて助ける。

【質問29】（解答例・解説）

海外の場合は、日本人留学生、日本人観光客、日本の会社の社員およびその家族、日本文化施設、インターネットなどの利用が考えられる。国内の場合は、日本語環境にあるので、インタビューの目的に応じて相手を選ぶ。例えばボランティアの国際交流団体などにこのような活動への協力を求めることが考えられる。

【質問30】（解答例）

①（教師）間違いをきちんと直すことができるが、自分で気づくよりも学習者の記憶に残りにくい。

②（本人）自ら間違いに気づくことから記憶に残りやすいが、全ての間違いに気づくことができない。

③（学習者どうし）ほかの人のインタビューから学んだり、間違いに学習者自ら気づくため記憶に残りやすいが、全ての間違いに気づくことができない。クラスメイトから評価されることをいやがる学習者もいる。

■【質問 31】（略）

■【質問 32】（解答）
①本文解説参照
②（　カ　）→（　イ　）→（　エ　）→（　ウ　）
③オ、アを入れて（　カ　）→（　イ　）→（　オ　）→（　エ　）→（　ウ　）→（　ア　）の順番にする

■【質問 33】（解答例）
初級も中級以上の場合も次のような例が考えられます。
①目的例：クラスの中で、最も環境にやさしい人を選ぶ。
環境を守るために、自分達で出来ることを考え、実行しているかどうかをチェックする、など
②導入例：環境問題に関する写真、新聞記事、ビデオやインターネットを見せる、環境に関するクイズをする、学生の日常生活をふり返らせるなどして、このままだと地球が大変なことになることを認識させるという方法があります。

（例）

みなさん、ツバルという国を知っていますか。ツバルは、南太平洋に浮かぶ小さな9つの島からなる国です。

ツバルは近い将来、海中に沈んでしまうと言われています。

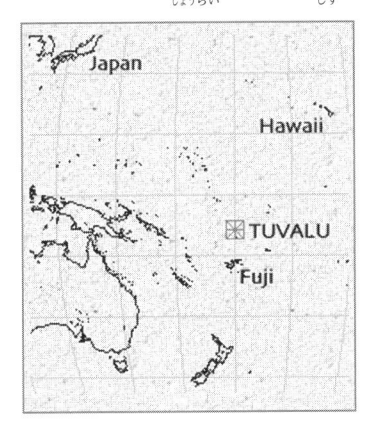

資料提供：NPO Tuvalu Overview

> この国の子供達は将来どこに住むのでしょう？ツバルで生まれて生活をしてきたお爺さんやお婆さんはどうしたらいいのでしょう？
>
> （「温暖化とツバルの危機」
> < http://tuvalu.site.ne.jp/problem/index.html > （2006年閲覧）より）

【問】①この国は、どうして、地球上から消えてしまうのでしょうか。

【問】②この国が地球上から消えないようするために、私たちは何ができるでしょうか。

③（略）

2-3. スピーチ

【質問34】（解答例）

①スピーチの話題や内容：話し手聞き手の両方が興味を持って聞けるトピック。

②構成：わかりやすくて、まとまりがある。構成がしっかりしている。

③言語や表現：自分や相手がよく知っている語彙や表現を使う。

④話し方：はっきり、ゆっくり、大きな声、正確な発音。

⑤聞き手とのインターアクション：原稿を読むのではなく、聞き手に話しかける。
　　　　　　　　　　　　　　　聞き手とのやりとりがある。

⑥姿勢や表情：視線の合わせ方、表情、姿勢。

⑦その他：目で見られるようなものでの助けがあるとよい（地図、グラフ、図、写真、ビデオなど）。

【質問35】（解答例）

共通点：文をつなげて、一つの話題でまとまりのある話をしていること。

違う点：②は前後のつながりを示すさまざまな接続詞表現を使っていること。

《例題3》（解答例）

> ①きょうは私が日本で体験したちょっといやだったことについてお話ししたいと思います。
>
> ②それは、日本に来てすぐのことでした。

私は友だちといっしょに大阪でご飯を食べることになりました。友達と「改札の前の花屋で待ち合わせをしましょう」と約束しました。③でも、大阪駅に着いて、改札を出たら、花屋がありませんでした。私は、道に迷ってしまったことに気が付きました。④そこで、近くにいた女の人に「すみません。この近くに花屋はありますか」という日本語で聞きました。③すると、その女の人は私の顔を見てびっくりして、「No, No, English!」と言いながら、行ってしまいました。その女の人はとても急いでいるようでした。④そこで、今度はベンチに座っている男の人に聞くことにしました。「すみません。改札の前にある花屋を探しているんですけど…」と日本語で話しかけてみました。③すると、その男の人は、とても上手な英語で「西口の改札の前ですよ」と言いました。

　⑤私は、そのとき、ちょっといやな感じがしました。私は、日本語で聞いているのに、どうして日本人は、英語で答えるのでしょうか。日本人は、外国人をみると、みんな英語しか話さないと思うようです。

　⑥きょうは、私の日本での体験についてお話ししました。みなさんはどう思われるでしょうか。

■【質問36】（解答例）

導入方法の例：

- どういう風にスピーチを開始したり、終了したりするかなどについて質問し、学習者にその知識や経験がない場合、次のように導入する。
- スピーチのモデルを示し、談話能力に関わる表現が用いられている所に注目させ、印をつけさせる。
- スピーチのモデル会話で注目させる所を（　　　）にしておき、まず、学習者に（　　　）の中を考えさせてから、聞き取らせる。
- 自分のスピーチをまず録音させ、それを聞き直す際に、どう言えばよいかを導入する。

■【質問37】（解説）

　作文の教材にのっている作文例は、スピーチのモデルとして使える。また、市販の作文集やスピーチ集なども参考になる。インターネットなどでさがすこともできる。

■《例題4》（解答例）

① えっと、え〜、あのう、など

② えっと、え〜、あのう、うんと、その〜、ちょっと、まあ、など

■【質問38】（略） 本文解説参照

■【質問39】（解答例）

初級の教科書では、「ええと、あのう」の2種類が使われていることがある。
その他にも、「その〜、まあ〜、うんと〜、ちょっと」などのフィラーがある。

■【質問40】（解説）
あまり多用すると、話が相手に理解されにくくなる。また、自信がない印象を与えることもある。

■【質問41】

レベル	初級	中級	上級
話題	① ⑥	② ④	③ ⑤

■【質問42】（略） 本文解説参照

■【質問43】（解答例）
質問例：
・出来事を思い出すための質問として、日本と自国の違う点を聞きあう質問：あなたの国と日本で一番違うことはなんですか。
・思い出した出来事をさらにくわしく思い出すための質問：いつ日本に来ましたか。その時、日本のどこで何をしていましたか。日本に来たばかりのころ、何かおどろいたことはありませんか。どれくらいいましたか。日本になれてきたころ、何か変だなあと思ったことはありませんでしたか、など。

■【質問44】（解説） 本文解説参照
ほかにも、原稿を書くことのメリットとしては、準備段階で内容や文法や語彙を自分でチェックをしたり、ほかの人にチェックしてもらえることがある。フォーマル度の高い場面では、話のまとまりや、ことばづかいへの基準がきびしくなるので、この事前チェックが欠かせない。また、初級レベルでは、学習した文法や文型を実際に使ってみる練習としての役割もある。

【質問 45】（解答例）

- 暗記するのではなく、考えながら話す。
- 鏡を見ながら練習をする。鏡を使うと、口の形に注意できる。聞いている人に話しているような気持ちになるなどの効果もある。
- 録音や録画をしてみる。
- 友達に話してみてコメントをもらう。
- ストップウオッチで時間をはかりながら練習する、など。

【質問 46】（略）

【質問 47】（解答例）

記述式（＋）：あげてある項目以外の評価もできる。評価することを具体的に説明できる。

（－）：評価者にとって評価のポイントがはっきりしない場合がある。時間がかかる。

点数式（＋）：評価するポイントがはっきりしている。評価に時間がかからない。

（－）：評価者により、きびしくしすぎたり、やさしくしすぎたりすることがある。あげてある項目以外の評価はできない。

【質問 48】（略）

【質問 49】（略）　本文解説参照

【質問 50】（解答）

$$（エ）\to \begin{bmatrix}（イ）\\（オ）\\（カ）\end{bmatrix} \to （ク）\to （ウ）\to （キ）\to （ア）$$

【質問 51】（略）

2-4. ディスカッション

【質問 52】（略）

《例題 5》（略）

【質問53】（略） 本文解説参照

【質問54】（解答）
①ア、②ア、③エ、④エ、⑤イ、⑥ア、⑦イ、⑧イ、⑨ア／エ、⑩イ、⑪イ、⑫ア、⑬エ、⑭ウ

【質問55】（解答例）
手をあげたり、「ちょっといいですか」「あのー」「すみません」と言ったりする、など。

【質問56】（解答例）
①「相手の意見をしっかり聞いている」「相手の意見も受け入れて大切に考えている」ということを示す役割や、反対意見を述べる時に、相手を傷つけないようにする役割がある。
②「たしかにそうかもしれませんが」「これは個人的な意見ですが」「それも大切ですが、他の観点から考えると」など。また表現以外にも、先に反対の理由となるような具体的事実を述べたりして内容を工夫することもある。

【質問57】（解答例）
大切な語彙や表現を導入・練習するには、教師が説明したり、リストにして渡したりする以外に、モデルディスカッションやモデル会話を使う方法があります。
例１）聞き取り練習にして、大切な語彙や表現をあな埋め問題にして、確認する。
例２）読解テキストとして使い、大切な語彙や表現の使い方を確認する。

【質問58】（解答・解説）
初級：①③、中級以上：②④
初級レベルでは、身近な課題を解決するような活動、中級以上のレベルでは、意見を述べたり事実の説明をしたりできる社会的な話題について議論するような活動をする。

【質問59】（略） 本文解説参照

【質問60】（解答例）
①課題が難しすぎたり分からない表現が多すぎたりすると母語で話す可能性が高くなるため、レベルに合った課題を設定し、必要となる新しい表現を確認しておく。母語で話してもよい時間と必ず日本語で話す時間を分ける、母語で話した人をチェッ

クする係を決める、母語で話した回数に応じてペナルティーをつける、などもできる。

②学習者一人一人が持っている情報に差を作る、必ず全員の意見が反映しなければならないことにする、など。

③5－6人のグループに分けてディスカッションを行い、最後にクラス全体に向けて各グループからディスカッションの内容を報告するようにする、など。

【質問61】（解答例）

巻末資料4 『大学生のための日本語』（産能大学出版部）のディスカッション自己評価シート（P.105）参照

①表現に関するもの以外に「ディスカッションに協力的だったか」「グループ全体のふんいきはよかったか」など、参加の仕方をディスカッションで評価項目として取り上げることも大切。

②評価シートは、ディスカッションの準備段階で学習者に渡すことにより、その点について学習者が意識的に取り組めるという効果が期待できる。評価の観点を学習者が決めることもできる。

【質問62】（略）

【質問63】（解答例）

自分の経験を思い出して話す（今までどんな贈り物をもらってうれしかったか、バレンタインデーのエピソードなど）、自分の考えを話す（バレンタインデーにあげたいもの、欲しいものなど）、関連した話題について話し合う（プレゼントにはいくらぐらい使うか、どこでプレゼントを買うのが好きかなど）。

【質問64】（略）

【質問65】（略）

2-5. ロールプレイ

【質問66】（略）

《例題6》（略）

■【質問67】(略) 本文解説参照

■《例題7》(解答例)

①「本当はぜひ行きたかったんですが」「大変申しわけないんですが、実は急に用事ができてしまって…」など、残念に思う気持ちや、おわびを述べてから、行けない理由を述べたり、断った後で「せっかくさそっていただいたのにすみません。また別の機会にぜひさそってください」など、あやまったり、次の機会への希望を述べたりする。

②先生と話すときには敬語を使ったり、前置きの表現やおわびのことばをよりていねいに言ったりするなど。

③おじぎの仕方や、立ち方、目線、表情など。

■【質問68】(略) 本文解説参照

■【質問69】(解答・解説)
①初級(現実にありそうな身近な課題)
②上級(将来出会うかもしれない複雑な課題)
③中級(現実に身近にあるが少し複雑な課題)

■【質問70】(解答例)
①小川さんは外国人のミラーさんに頼みたいことがある。
② (ア) 5、(イ) 1、(ウ) 7、(エ) 6、(オ) 4、(カ) 3、(キ) 2

■【質問71】(解答例)

> ロールカード　B
>
> 役割：ホームステイをしている外国人研修生
>
> 話す相手：ホストマザー
>
> 話す内容：頼まれごとをするが、仕事や試験があるので断る。

■【質問72】
① (略)

②（解答例）

	情報差	選択権		反応
		表現の選択	談話の進め方	
タイプA	○	一部○	×	×
タイプB	○	○	×	△
タイプC	○	○	○	○

③（解答例）

表現の選択権が制限される。

【質問73】（解答例）

①カードを見せ合うと情報差がなくなってしまう。ロールカードの持つ意味を学習者に理解させ見せ合わないようにさせることが必要になる。

②少しずつ内容が違うものを使えば、ほかのペアがロールプレイをしているときに、内容を聞き取る練習にすることができる。

③役割が同じ人どうしが最初に集まり、どんな表現を使って話ができるかを考えさせる。その後、役割が違う人どうしでペアになって、会話をする。この方法を使えば最初に学習者どうしで助け合うことができ、話すことが苦手な学習者もきんちょうしないでロールプレイをすることができる。

④無理に練習させてもよいことはない。そのような学習者は、ペアで練習しているときに、指導をていねいにするとよい。ロールプレイが得意な学習者に最初にロールプレイをしてもらう方法もある。やりたくない学習者は観察者として参加したらよいだろう。このような活動に慣れてくるまで待つことも大切。

⑤まずペアで練習した後は、全員の前で発表させるのではなく、クラスを小グループに分けて、そこで発表させれば時間がかからない。

⑥ロールカードは、ロールプレイの場面や役割を分かりやすく学習者に伝えるためのものなので、学習者の母語で書いても問題ない。ロールカードの日本語をできるだけやさしくしたり、カードの表には日本語を、裏には母語を書くようにしてもよい。

⑦市販の教材を有効に利用することができる。ロールカードが入っている総合教材もある。さまざまな種類のものを使っていけば、自分の学習者に合わせたものがだんだん作れるようになるだろう。作ったものをほかの教師と共有することも大切。その際、厚紙で作ったり保管方法を工夫したりするとよい。

【質問74】（解説）

場面や状況、あるいは役割を表すためのいろいろな小道具（例：白衣、マスク）を使うなど、少し工夫するだけで教室はとても楽しいものになる。ロールプレイでは場面を想定して行うので、話しやすいふんいきを作るために小道具は重要になる。

【質問75】（解答例）

ロールカードを使った練習の後に、学習者どうしで自分の好きな内容で同じような会話の流れや機能を使った会話をさせる。

【質問76】（略） 本文解説参照

【質問77】（解説・解答）

全員のチェックは不可能なので、次のような方法がある。
- 発表を2、3組にさせ、全体で気が付いたことを話す。
- うまくできなかったところを補う表現や方法を確認させる。
- ペアでやったロールプレイの会話を書いて出させる。
- ロールプレイを各ペアで録音し、その文字起こしを出させる。
- 上級の学習者なら、学習者どうしでフィードバックすることもできる。

【質問78】（略）

【質問79】（解説）

話したいという気持ち（動機）を高めることができる。背景知識を活性化する。また、リラックスして人前で日本語で話せるようになる効果もある。

【質問80】（略） 本文解説参照

【質問81】（解答例）

必要な表現を、モデル会話の中のあな埋め練習にし、後で答えあわせをしながらインプットする、モデル会話の内容を聞き取った後、注目させたい表現部分を聞き取らせる、モデル会話の中から自分で大切だと思う表現にチェックをさせる、など。

【質問82】（解答）

（ウ）→（イ）→（カ）→（エ）→（オ）→（ア）

【質問83】（略）

【参考文献】

茜八重子 (2002)「初級後半の口頭表現指導について－タペストリーアプローチを参考に」『別科論集』第4号　大東文化大学別科日本語 88 - 105

新屋映子他 (1999)『日本語教科書の落とし穴』アルク

石川一郎 (1998)「ディスカッション」『英語教育』11月号 40 - 41

石島満沙子 (2000)「中級学習者のスピーチ学習での試み－スピーチ原稿の自己訂正－」『北海道大学留学生センター紀要』第4号　北海道大学留学生センター 133-148

岡崎敏雄・岡崎眸 (1990)『日本語教育におけるコミュニカティブ・アプローチ』凡人社

岡崎眸・岡崎敏雄 (2001)『日本語教育における学習の分析とデザイン』凡人社

川口義一・横溝紳一郎 (2005)『成長する教師のための日本語教育ガイドブック上』ひつじ書房

迫田久美子 (2002)『日本語教育に生かす第二言語習得研究』(p108) アルク

ジョンソン，K.・モロウ，K. 編著 (1984)『コミュニカティブ・アプローチと英語教育』小笠原八重訳, 桐原書店

スカーセラ，R.C.・オックスフォード，R.L.(1997)『第2言語習得の理論と実践：タペストリー・アプローチ』牧野高吉訳・監修, 松柏社

谷口すみ子 (2001)「日本語能力とは何か」『日本語教育学を学ぶ人のために』世界思想社

樽田ミエ子 (2000)「中上級学習者のための聞き手を意識したスピーチ指導の試み－即席スピーチと評価スピーチ」『東海大学紀要』第20号東海大学留学生センター 45-55

東海大学留学生教育センター (2005)『日本語教育法概論』東海大学出版会

平山美佳 (2002)「スピーキング指導の試み－3分間スピーチを用いた実践報告」『日本語教育論集』11号　姫路独協大学大学院 112-119

牧野成一他 (1999)『日本語版　ＡＣＴＦＬ－ＯＰＩ試験官養成マニュアル (1999年版)』The American　Council on the Teaching of Foreign Languages

牧野成一他 (2001)『ACTFL－OPI入門』アルク

村岡英裕 (1999)『日本語教師の方法論　教室談話分析と教授ストラテジー』凡人社

柳瀬陽介 (2006)『第二言語コミュニケーション力に関する理論的考察』渓水社

山内博之 (2005)『OPIの考え方に基づいた日本語教授法』ひつじ書房

Canale, M. & M. Swain (1980) Theoretical bases of communicative approaches to second language teaching and testing. *Applied Linguistics 1, 1/1*：1-47

Canale Michael (1983) From communicative competence to communicative language pedagogy. Jack C. Richads and Richard W. Schmidt (eds) *Language and Communication.* London：Longman

Hymes, D. (1972) On communicative competence. Pride, J. B. and J. Holmes (eds) *Sociolinguistics：*

Selected readings. Baltimore : Penguin.

Levelt, W. J. M. (1989) *Speaking : From Intention to Articulation.* Cambridge : Cambridge University Press.

Hodley, O. A. (1993) *Teaching language in context.* (secdond edition) Boston MA : Heinle & Heinle Publishers.

Penny, Ur. (1989) *Discussions that Work: Task-centred fluency practice.* Cambridge : Cambridge University Press.

巻末資料 1

谷口聡人ほか著『実践力のつく日本語学習　インタビュー編』（アルク）第２課を利用

§2　生活時間調査

日本人はよく「アリのように働く」とか「働き過ぎる」などと言われますが、実際にはどうなのでしょう。

下のグラフは、労働省が行った日本人の労働時間に関する調査結果の一部です。

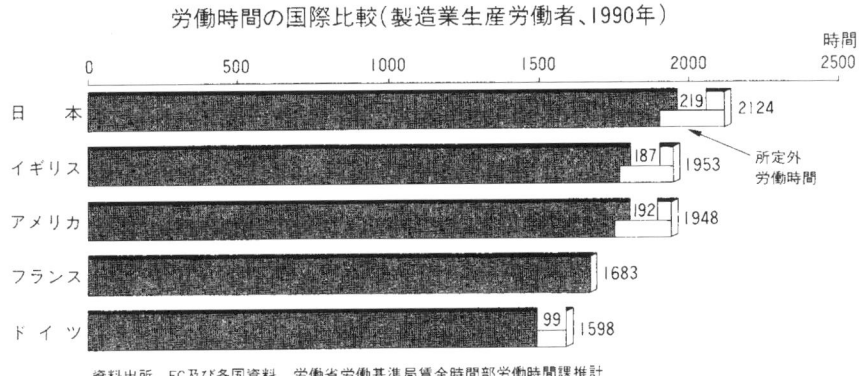

労働時間の国際比較（製造業生産労働者、1990年）

国	所定外労働時間	総労働時間
日　本	219	2124
イギリス	187	1953
アメリカ	192	1948
フランス	—	1683
ド イ ツ	99	1598

資料出所　EC及び各国資料　労働省労働基準局賃金時間部労働時間課推計
（注）　フランスの所定外労働時間は不明である。

上の調査結果を見て、あなたはどう思いますか。気がついたことを言ってください。

あなたの平均的な一日の時間の使い方はどうなっていますか。下の表に時間を入れてみてください。

睡　眠　時　間	
勉強時間（家での）	
通学（通勤）時間	
仕事（アルバイト）時間	
テレビを見る時間	

ことばの準備

【語句】

睡眠　　　　　だいたい　　　　　　（学校に）いる　　　〜から〜まで
どのぐらい　　かかります［かかる］　帰って［帰る］　　勉強する
一日に

【文型・文法】

1. 〜時間：睡眠時間、　〜にいる時間、　勉強する時間

2. 学校に何時間いますか。　→　学校にいる時間は何時間ですか。

3. 「うちから学校までどのぐらいかかりますか。」
   「そうですね、だいたい1時間です。」

4. うちへ帰ってから、何時間ぐらい勉強しますか。

5. 一日にどのぐらいテレビを見ますか。

調査表
(ちょうさひょう)

インタビューしましょう(答えを一つ選んでください)。

1　睡眠時間は一日だいたい何時間ぐらいですか。
　　(1)　5時間以下　　(2)　5〜6時間　　(3)　6〜7時間
　　(4)　7〜8時間　　(5)　8時間以上

2　学校(会社)にいる時間は一日何時間ぐらいですか。
　　(1)　4時間以下　　(2)　4〜6時間　　(3)　6〜8時間
　　(4)　8〜10時間　　(5)　10時間以上

3　うちから学校(会社)までどのぐらい時間がかかりますか。
　　(1)　15分以下　　(2)　15分〜30分　　(3)　30分〜1時間
　　(4)　1時間〜1時間半　　(5)　1時間半以上

4　家へ帰ってから、勉強する時間はどのぐらいですか。
　　(1)　30分以下　　(2)　30分〜1時間　　(3)　1〜2時間
　　(4)　2〜3時間　　(5)　3時間以上

5　一日にどのぐらいテレビを見ますか。
　　(1)　見ない　　(2)　30分以下　　(3)　30分〜1時間
　　(4)　1〜2時間　　(5)　2〜3時間　　(6)　3時間以上

集　計　表
しゅう　けい　ひょう

調査結果をまとめましょう。

1　睡眠時間は一日だいたい何時間ぐらいですか。

　　(1)　5時間以下＿＿＿人　　　(2)　5～6時間＿＿＿人

　　(3)　6～7時間＿＿＿人　　　(4)　7～8時間＿＿＿人

　　(5)　8時間以上＿＿＿人

2　学校(会社)にいる時間は一日何時間ぐらいですか。

　　(1)　4時間以下＿＿＿人　　　(2)　4～6時間＿＿＿人

　　(3)　6～8時間＿＿＿人　　　(4)　8～10時間＿＿＿人

　　(5)　10時間以上＿＿＿人

3　うちから学校(会社)までどのくらい時間がかかりますか。

　　(1)　15分以下＿＿＿人　　　(2)　15分～30分＿＿＿人

　　(3)　30分～1時間＿＿＿人　(4)　1時間～1時間半＿＿＿人

　　(5)　1時間半以上＿＿＿人

4　家へ帰ってから、勉強する時間はどのぐらいですか。

　　(1)　30分以下＿＿＿人　　　(2)　30分～1時間＿＿＿人

　　(3)　1～2時間＿＿＿人　　 (4)　2～3時間＿＿＿人

　　(5)　3時間以上＿＿＿人

5　一日にどのくらいテレビを見ますか。

　　(1)　見ない＿＿＿人　　　　(2)　30分以下＿＿＿人

　　(3)　30分～1時間＿＿＿人　(4)　1～2時間＿＿＿人

　　(5)　2～3時間＿＿＿人　　 (6)　3時間以上＿＿＿人

調査結果の発表
ちょうさけっか　はっぴょう

わたしは、このクラスの人たちに毎日の生活時間について聞きました。これから、その結果を発表します。

1
　　はじめに聞いたのは、睡眠(すいみん)時間についてです。つまり、一日に何時間ぐらい寝(ね)るかということですね。
　　5時間以下と答えた人は（いませんでした。／＿＿人いました。）
　　5時間以上6時間以下と答えた人は＿＿＿＿＿＿＿＿＿＿＿＿＿。
　　6時間＿＿＿7時間の人は＿＿＿＿＿＿＿＿＿＿＿＿＿＿＿＿＿。
　　7時間から8時間の人が＿＿＿＿＿＿＿＿＿＿＿＿＿＿＿＿＿。
　　8時間以上寝ていると答えた人は＿＿＿＿＿＿＿＿＿＿＿＿＿。

2
　　次に、一日何時間ぐらい学校(会社)にいるかということです。
　　4時間以下の人は（いませんでした。／＿＿人でした。）
　　4時間以上6時間以下の人は＿＿＿＿＿＿＿＿＿＿＿＿＿＿＿。
　　6時間から8時間の人は＿＿＿＿＿＿＿＿＿＿＿＿＿＿＿＿＿。
　　8時間＿＿＿10時間は＿＿＿＿＿＿＿＿＿＿＿＿＿＿＿＿＿＿。
　　10時間以上の人は（いませんでした。／＿＿人でした。）

3
　　次に、通学(つうがく)(通勤(つうきん))にかかる時間について聞きました。つまり、住(す)んでいる所から学校(会社)までどのくらいかかるか、ということです。
　　15分以下の人は（いませんでした。／＿＿人でした。）
　　15分以上30分以下の人は＿＿＿＿＿＿＿＿＿＿＿＿＿＿＿＿。
　　30分から1時間の人は＿＿＿＿＿＿＿＿＿＿＿＿＿＿＿＿＿。
　　1時間＿＿＿1時間半＿＿＿＿＿＿＿＿＿＿＿＿＿＿＿＿＿＿。
　　1時間半以上＿＿＿＿＿＿＿＿＿＿＿＿＿＿＿＿＿＿＿＿＿。

4
次に聞いたのは、毎日家で何時間ぐらい勉強しているかです。

30分以下＿＿＿＿＿＿＿＿＿＿＿＿＿＿＿＿＿＿＿＿＿＿＿＿＿。

30分以上１時間以下＿＿＿＿＿＿＿＿＿＿＿＿＿＿＿＿＿＿＿。

１時間から２時間＿＿＿＿＿＿＿＿＿＿＿＿＿＿＿＿＿＿＿＿。

２時間から３時間＿＿＿＿＿＿＿＿＿＿＿＿＿＿＿＿＿＿＿＿。

３時間以上＿＿＿＿＿＿＿＿＿＿＿＿＿＿＿＿＿＿＿＿＿＿＿。

5
最後に、一日にどのぐらいテレビを見ているか聞きました。

ぜんぜん見ていないと答えた人は＿＿＿＿＿＿＿＿＿＿＿＿＿。

30分以下＿＿＿＿＿＿＿＿＿＿＿＿＿＿＿＿＿＿＿＿＿＿＿＿。

30分から１時間＿＿＿＿＿＿＿＿＿＿＿＿＿＿＿＿＿＿＿＿＿。

１時間から２時間＿＿＿＿＿＿＿＿＿＿＿＿＿＿＿＿＿＿＿＿。

２時間から３時間＿＿＿＿＿＿＿＿＿＿＿＿＿＿＿＿＿＿＿＿。

３時間以上＿＿＿＿＿＿＿＿＿＿＿＿＿＿＿＿＿＿＿＿＿＿＿。

　さて、以上の結果からこのクラスの人たちの平均的な生活時間を出してみると、次のようになります。

　一日の睡眠時間は＿＿時間で、学校(会社)に＿＿時間いて、通学(通勤)に＿＿時間かかって、家で勉強する時間は＿＿時間、テレビを見ている時間は＿＿時間です。

　このような結果から皆さんはどのように感じましたか。わたしは＿＿＿＿＿＿＿＿＿＿＿＿＿＿＿＿＿＿＿＿＿＿＿＿＿＿＿＿＿＿＿＿＿と思いました。

　これでわたしの発表を終わります。

巻末資料2

牧野昭子ほか著『みんなの日本語初級Ⅱ 第2版 初級で読めるトピック25』（スリーエーネットワーク）
第42課を利用

あなたのエコロジー度は？

いつもしている（2点）　　時々している（1点）　　していない（0点）

1. 新聞・雑誌、瓶・缶などをリサイクルに出している
2. できるだけリサイクルできる物を買う
3. 買い物のとき、袋を持って行く
4. できるだけ車に乗らないで、電車やバスを使う
5. エアコンはできるだけ使わない
6. 電気製品は省エネの製品しか使わない
7. 洗濯のときは、おふろの水を利用する
8. 合成洗剤やせっけんをたくさん使わない
9. 油で汚れたお皿は、汚れをふいてから洗う
10. 夜は早く寝て、朝早く起きる

☆　何点になりましたか。
　　17～20点　　あなたは地球を守るために、よく頑張っています。
　　12～16点　　かなりいいですね。
　　9～11点　　まあまあですね。もう少し頑張ってください。
　　6～8点　　もっと地球のことを考えてください。
　　0～5点　　あなたはエコロジーについて考えたことがありますか。
　　　　　　　　地球が死んでしまいますよ。

巻末資料3

財団法人海外技術者研修協会（AOTS）『新日本語の中級』（スリーエーネットワーク）第20課を利用

活動

1．今あなたが住んでいる町ではごみをどのように分けて出しますか。

> 紙の箱、　果物の皮、　ジュースの缶、　割れたコップ、　古い服、
> 壊れたテレビ、　ビデオテープ、　魚の骨、　机、　ビール瓶、
> 電池、　本、　古新聞

周りの日本人に聞いて、下の表に記入してみましょう。

ごみの種類	例：燃えるごみ			
どんな物	例：紙の箱			

2．次のことを話し合ってみましょう。
　　環境を守るために、毎日の生活の中でどんなことに気をつけたらいいと思いますか。クラスで話し合ってください。そして例のような質問を10問作って、周りの日本人に聞いてみましょう。

（必ずそうしている…〇／　大体している…△／　していない…×）

例1：できるだけ車を使わないで、電車やバスに乗るようにしていますか。	〇
例2：汚れた皿は紙でふいてから、洗うようにしていますか。	×

巻末資料 4

産能短期大学日本語教育研究室編『大学生のための日本語』（産能大学出版部）第 5 章を利用

自己評価シート

　下の項目について，自己評価してください。また，問題点や適切な表現，方法など，気がついた点があったら，各質問の下に書いてください。

1　ディスカッションを通して，自分の立場は明確
　　だったか。　　　　　　　　　　　　　　　　　　（はい　　いいえ）

2　自分の発言はわかりやすかったか。　　　　　　　（はい　　いいえ）

3　意見，反論の理由，根拠は述べられていたか。　　（はい　　いいえ）

4　他の人の意見との関連を明らかにしながら発言
　　していたか。　　　　　　　　　　　　　　　　　（はい　　いいえ）

5　長く話しすぎていなかったか。　　　　　　　　　（はい　　いいえ）

6　他の人の反応を見ながら話していたか。　　　　　（はい　　いいえ）

7　あいづちの打ち方は自然だったか。　　　　　　　（はい　　いいえ）

8　ディスカッションに対する態度は協力的だった
　　か。　　　　　　　　　　　　　　　　　　　　　（はい　　いいえ）

9　グループ全体の雰囲気はどうだったか。活発な
　　ディスカッションだったか。　　　　　　　　　　（はい　　いいえ）

10　他に気づいたことは？

【執筆者】
木田真理（きだ　まり）
小玉安恵（こだま　やすえ）
長坂水晶（ながさか　みあき）

◆教授法教材プロジェクトチーム
　　久保田美子（チームリーダー）
　　阿部洋子／木谷直之／木田真理／小玉安恵／中村雅子／長坂水晶／簗島史恵

　　※執筆者およびプロジェクトチームのメンバーは、初版刊行時には、
　　　すべて国際交流基金日本語国際センター専任講師

イラスト　岡﨑久美

国際交流基金 日本語教授法シリーズ
第 6 巻「話すことを教える」
The Japan Foundation Teaching Japanese Series 6
Teaching Speaking Skills
The Japan Foundation

発行	2007 年 1 月 31 日　　初版 1 刷
	2024 年 10 月 22 日　　　　6 刷
定価	800 円 + 税
著者	国際交流基金
発行者	松本 功
装丁	吉岡 透 (ae)
印刷・製本	三美印刷株式会社
発行所	株式会社ひつじ書房
	〒 112-0011　東京都文京区千石 2-1-2　大和ビル 2F
	Tel : 03-5319-4916　Fax : 03-5319-4917
	郵便振替　00120-8-142852
	toiawase@hituzi.co.jp　https://www.hituzi.co.jp/

Ⓒ 2007 The Japan Foundation
ISBN978-4-89476-306-7

造本には充分注意しておりますが、落丁・乱丁などがございましたら、
小社かお買い上げ書店にておとりかえいたします。
ご意見・ご感想など、小社までお寄せくだされば幸いです。

──────────── 好評発売中！ ────────────

日本語学習アドバイジング
自律性を育むための学習支援
木下直子・黒田史彦・トンプソン美恵子著　定価 2800 円＋税

使える日本語文法ガイドブック
やさしい日本語で教室と文法をつなぐ
中西久実子・坂口昌子・大谷つかさ・寺田友子著　定価 1600 円＋税

場面とコミュニケーションでわかる日本語文法ハンドブック
中西久実子編　中西久実子・坂口昌子・中俣尚己・大谷つかさ・寺田友子著
定価 3600 円＋税